지붕 밑의
세계사

창비청소년문고 18

지붕 밑의
세계사

이영숙 지음

창비
Changbi Publishers

『식탁 위의 세계사』, 『옷장 속의 세계사』에 이어 이 책『지붕 밑의 세계사』를 내놓습니다. 이로써 의식주를 통해 만나는 세계사 시리즈가 마무리되었습니다. 세계사가 시험을 치러야 하는 암기 과목이 아니라 일상 곳곳에 스미어 있는 재미난 이야기임을 전하고자 한 책들입니다. 이젠 세 권짜리 번듯한 시리즈가 되었지만 사실 시작은 조금 어설펐습니다.

따뜻한 나라 필리핀에서 2년 넘게 살다 귀국한 것이 하필이면 2010년 1월, 엄동설한일 때였습니다. 영하 10도의 강추위가 계속되었고 신종 플루라는 정체 모를 바이러스가 떠돌았습니다. 당시 두 살이었던 막내는 필리핀에서 나고 자란 터라 추위에도, 질병에도 연약할 수밖에 없었습니다. 저와 아이는 감히 외출할 엄두를 못 내고 동굴 속의 곰처럼 칩거해야 했지요. 일 년 열두 달 내내 화사한 꽃이 만발한 열대 지역을 맨발로 돌아다니던 아이는 달라진 환경에 얼이 빠진 얼굴이 되었습니다. 막내의 당혹감과 제 자신의 우울함을 다스리느라 첫째와 둘째 아이의 마음까지는 미처 돌보지 못했습니다. 두 아이도 낯선 환경에 적응하느라 힘겨웠을 텐데 말입니다.

1년쯤 지나 우울의 터널을 빠져나올 무렵, 두 딸에게 미안한 마음이 들었고 둘째에게 생일 선물로 책을 전해 주고 싶어서 쓴 책이 이 시리즈의 첫 책 『식탁 위의 세계사』였습니다. 외교관이 꿈이었던 딸에게 재미난 세계의 역사를 들려주려고 쓴 책이었기에 엄마가 아이에게 말하듯 쓰게 되었고요. 이 시리즈가 모두 친근한 대화체로 쓰인 데에는 이런 연유가 있습니다.

먹을거리 속에 담긴 세계사 이야기를 쓰고 나니 그다음엔 자연스럽게 입을 거리에 담긴 세계사 이야기를 구상하게 되었고 그렇게 두 번째 책 『옷장 속의 세계사』를 썼습니다. 두 번째 책을 보신 독자들이 이젠 먼저들 "다음엔 집 이야기가 되겠군요?" 하고 인사를 건네 왔습니다. 멋쩍게 웃다가 '어디, 그럼…….' 하면서 다양한 자료를 모아 이리 붙이고 저리 굴리다 보니 이렇게 또 한 권의 책을 세상에 내놓게 되었습니다.

이 책 『지붕 밑의 세계사』에는 욕실, 부엌, 다락 등 집 안의 여러 공간이 환기하는 세계사 이야기를 담았습니다. 「마라의 죽음」이란 명화의 배경이 되었던 욕실로부터 프랑스 혁명을 만나 보았고, 피렌체 두오모 성당의 돔 지붕에 얽힌 사연을 통해 르네상스의 의미를 살펴보았습니다. 베를린 장벽의 탄생과 붕괴 과정을 되짚어 보면서 우리나라의 통일을 염원하기도 했고요. 지식과 교양이 풍부해지는 데에 도움이 될 만한 이야기들, 생각하는 힘을 기르는 데에 필요한 이야기를 싣고자 했습니다.

이 시리즈를 쓰는 동안 어느덧 5년이 흘렀습니다. 그사이 초등학생이었던 둘째는 고등학교 입학을 앞둔 숙녀가 되었고 컴퓨터 앞에서 달달한 커피를 연신 들이켜며 자판을 두들기던 저는 5킬로그램이 늘어난 아줌마가 되었습니다.

늘 작가의 길을 꿈꿔 왔지만 책을 쓰면서 보니 작가란 그다지 화려하지도, 멋지지도 않으며 오히려 엉뚱한 일로 속을 썩기도 하는 직업이었습니다. 그럼에도 불구하고 계속 쓰고 싶고, 더욱 잘 쓰고 싶다는 욕망은 커져만 갑니다. 제 책을 읽어 주시는 독자 분들이 계시기 때문일 것입니다. 청소년들은 물론 많은 어른들이 책을 재밌게 읽어 주셨습니다. 그 덕분에 이 시리즈가 꾸준히 사랑받아 제게 힘을 북돋아 주었고, 그 힘으로 세 번째 책도 무사히 마무리 지을 수 있었습니다. 정말 감사드립니다.

또 제게 작가로 설 디딤돌을 마련해 준 출판사 창비와, 제 허술한

부분을 기둥처럼 받쳐 준 창비 청소년출판부에도 감사드립니다.

볼거리와 읽을거리가 넘쳐 나는 세상입니다. 이런 시대에 또 한 권의 책을 더하는 일에 고민이 없을 수 없습니다. 글을 쓸 때면 항상 소망합니다. 책이 된 나무의 희생이 헛되지 않기를, 독자분들의 소중한 시간이 버려지지 않기를요.

또 다른 책으로 만나 뵙길 바라며 두루 감사의 인사를 올립니다. 늘 안녕하시기를…….

2015년 가을
이영숙 올림

차례

지붕

브루넬레스키의 돔과
르네상스 시대

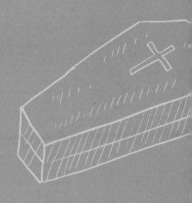

박물관이나 민속촌에서 초가집을 본 적 있니? 갈대나 볏짚을 이어 얹은 지붕이 참 예쁘고 정겨워. 초가지붕 위엔 빨간 고추나 무말랭이용 무를 담은 채반이 있기도 했지. 초가지붕을 비롯해 지붕은 많은 추억이 깃든 곳이야. 예전엔 아이가 이를 뽑은 날이면 지붕 위로 뽑은 이를 던지기도 했고, 상을 치를 때는 고인이 생전에 입던 윗옷을 들고 지붕으로 올라가 그의 혼을 세 번 부르는 의식을 치르기도 했다지. 엄마가 어릴 땐 겨울이면 지붕 끝 처마에 매달린 고드름을 따서 칼싸움도 하고 더러 사탕처럼 먹기도 했단다.

2,000년을 버틴 고대 로마의 건축

몇 년 전에 필리핀에 머물 기회가 있었어. 그때 필리핀 시골에서 니파야자 잎으로 지붕에 얹을 이엉을 이는 것을 본 적이 있단다. 재료만 다를 뿐 우리 초가지붕과 모양이 꽤 비슷해서 무척 신기했어. 사람이 사는 모습은 언뜻 달라 보여도 자세히 보면 많이 닮았구나 하고 생각했지. 니파야자 지붕에도 필리핀 사람들의 추억이 가득 담겨 있을 거야.

요즘엔 다들 아파트나 연립 주택에 살다 보니 딱히 지붕이라 할 만한 것이 없는 집도 많아. 지붕이 없으니 지붕에 얽힌 이야기들도 같이 사라지는 것 같아서 아쉬워.

오늘은 세계사에서 아주 유명하고도 독특한 지붕 두 개를 소개할까 해. 공교롭게도 둘 다 이탈리아에 있는데 하나는 로마, 다른 하나는 피렌체에 있지. 둘 다 돔(dome) 모양, 즉 반구형이라는 공통점이 있단다.

고대 로마인들은 건축과 토목 기술이 아주 뛰어났어. 로마 제국이 시작된 기원전 7세기경부터 서로마 제국이 멸망한 기원후 476년까지 많은 건축물이 세워졌는데 이때 성립된 건축 양식은 이후 서양의 건축 규범으로 자리 잡았어. 고대 로마인들은 세계 건축사에 큰 발자취를 남겼다고 할 수 있지. 지중해 연안 곳곳에는 아직도 고대 로마인들이 만든 도로, 다리, 수도교, 개선문, 극장, 신전 등이 많이 남아 있어. 유명한 원형 경기장인 콜로세움부터 길이가 약 590킬로미터에 이르는 도로인 아피아 가도까지 오늘날 우리가 보기에도 놀라울 정도로 뛰어난 기술력과 심미안을 갖춘 유적이 적지 않아.

오늘 설명할 판테온은 그중에서도 백미로 꼽혀. 로마의 건축 실력을 잘 보여 주는 데다 온전한 모습을 간직하고 있거든. 로마는 지금으로부터 약 2,000년 전에 번성했던 제국이다 보니, 당시에 지어진 많은 건축물이 외부의 침입과 세월의 풍파에 훼손되었어. 대부분 건물의 기둥이나 주춧돌의 일부만 남아서 화려했던 시절의 이야기를 전하고 있지. 하지만 판테온은 거의 손상을 입지 않고 남아 있어서 경탄을 자아낸단다. 판테온을 '세계 건축사의 기적'*이라고 말하는 학자들도 있을 정도야.

판테온은 우리말로 흔히 만신전(萬神殿)이라고 번역되곤 해. 판테온이라는 단어가 라틴어로 '모든'이란 뜻의 Pan과 '신'이란 뜻의 Theo가 합쳐진 말이기 때문이야. 온갖 신을 모시는 신전이라는 뜻

• 박찬운 『로마문명 한국에 오다』, 나남 2014, 81면.

이니 만신전이라는 표현이 참 적절하지. 그리스 로마 신화를 보면 잘 알겠지만 로마는 그리스와 마찬가지로 다양한 신을 믿는 다신교 사회였어. 이들 신을 두루 모신 곳이 바로 판테온이었지.

판테온은 기원전 27년경에 아그리파가 처음 세웠다고 전해져. 혹시 미술 수업에서 석고 데생을 할 때 아그리파라고 부르는, 부리부리하게 생긴 석고상을 본 적이 있니? 그 아그리파가 바로 이 판테온을 창건한 사람이야. 석고 데생을 위한 조각품에는 비너스 같은 신화 속 인물이 많아서 아그리파도 가상의 존재일 거라고 짐작한 친구가 있을지도 모르겠다. 하지만 아그리파는 엄연한 실존 인물이야. 카이사르와 같은 시대에 산 로마의 유명한 정치가였다고 해.

아그리파의 판테온은 몇 차례의 화재로 파손되었는데 기원후 125년경에 하드리아누스 황제 때 재건되어 오늘에 이르고 있어. 지름이 약 40미터가 넘는 원형 건물인데 천장에 지름 9미터짜리 둥근 구멍*을 뚫어서 건물 내부로 빛이 들어올 수 있도록 한 점이 특징이야. 굴뚝이나 채광창 역할을 하도록 한 것일 텐데, 후세의 학자들은 거기에 한 가지 이유가 더 있을 거라고 추측하고 있어. 하늘에서 들어오는 둥근 빛을 통해 신에 대한 경외심을 더욱 많이 불러일으키도록 한 것이 아닐까 하는 거야. 판테온이 신전이니 그럴 법도 하지.

그런데 2,000년 가까운 세월을 버티어 오는 동안 판테온은 여러 번 쓰임새가 변했어. 기독교의 위세가 하늘을 찔렀던 중세에는 교회

• 김동훈 『건축, 그 천년의 이야기』, 삼양미디어 2010, 73면.

이탈리아 로마에 있는 판테온의 모습.(사진 ⓒRemi Jouan)

로 쓰였고 중세 이후에는 무덤으로도 사용되었단다. 천재 화가 라파엘로의 무덤도 바로 이곳에 있어. 그렇게 역할을 계속 바꾸어 온 덕분에 이민족의 침략을 받거나 전쟁이 벌어지는 위기의 순간에도 판테온이 파괴되지 않고 무사할 수 있었다고 해석하는 학자들도 있어.

이 위대한 건축물 판테온에서 눈여겨보아야 할 부분이 바로 지붕이야. 판테온은 돔 모양의 지붕으로 유명하거든. 돔 지붕은 요즘도 많이 쓰이기 때문에 잘 알 거야. 야구장이나 축구장 중에 돔 지붕을 씌운 곳이 있지. 아예 '돔 구장'이라고 부르기도 하잖아.

왜 실내 경기장에서 돔 지붕을 많이 쓰는지 생각해 봤니? 여러 이유가 있겠지만 중요한 건 돔 형태로 지붕을 만들면 내부 공간을 넓게 사용할 수 있다는 거야. 보통의 네모난 모양으로 지붕을 만들자면 그 지붕을 떠받치기 위해 일정한 곳에 굵직굵직한 기둥들이 들어서야 할 테고, 지붕도 낮아질 수밖에 없겠지? 하지만 돔 모양으로 만들면 천장도 높아지고 움직임을 방해하는 기둥도 없어지니 경기장으로서는 훨씬 좋은 공간이 되지.

하지만 돔 지붕을 만드는 것은 결코 쉽지 않아. 무거운 지붕을 떠받치는 기둥 없이도 천장이 무너지지 않게 해야 하니까. 건축에 문외한인 사람이 생각하기에도 결코 만만한 일이 아니지. 오늘날처럼 정교한 기계가 발달하기 전에는 더욱 어려웠을 거야.

판테온의 돔은 고대 로마에서 많이 쓰였던 아치 기술을 활용해서 만들었다고 해. 아치가 뭔지는 다들 잘 알겠지만 한 번 더 정확히 설명하자면, 활이나 무지개같이 한가운데는 높고 양 끝은 길게 굽은 모

조반니 파니니가 1734년경 그린 「로마, 판테온의 내부」.
돔 지붕에서 쏟아지는 햇빛이 인상적이다.

양으로 건물의 무게를 떠받치는 곡선 구조물이 바로 아치야. 로마 사
람들은 온갖 건축물에 이 아치 기술을 반영했어. 돔도 아치의 산물
이라고 할 수 있는데 돔은 그 아치를 360도 회전시켜서 만든단다.＊

돔을 이용한 판테온 신전은 높이와 너비가 모두 약 43미터로 당
대에 만든 돔 건축물 중에서도 가장 규모가 커.＊＊ 지금도 판테온보다
큰 돔은 찾아보기 어려울 정도야. 이렇다 할 버팀목이 없는데도 조

＊ 임석재 『땅과 인간』, 북하우스 2003, 406면.
＊＊ 에밀리 콜 『세계 건축사』, 유우상·장지을 옮김, 스페이스타임 2008, 140면.

금도 흔들림 없이 우뚝 서 있지. 판테온은 돔 지붕 하나만으로도 로마 제국의 위세를 만천하에 과시했지.

판테온은 이후 다른 시대의 건축가들에게도 많은 영감을 주었어. 가장 대표적인 사례가 바로 오늘 설명할 두 번째 지붕인 두오모 성당의 지붕이야.

두오모 성당에 둥근 지붕이 얹히기까지

피렌체의 두오모 성당은 꽤 눈에 익은 건물이지? 여행 서적뿐만 아니라 영화 포스터나 텔레비전 광고 등 곳곳에 워낙 자주 등장하는 터라 한 번쯤은 본 적 있을 거야. 피렌체는 도시 전체가 유네스코 세계 문화유산으로 지정되어 있는데 그중에서도 두오모 성당은 피렌체의 상징이라 할 만큼 대표적인 건축물이란다.

그런데 '두오모'와 '돔'은 글자가 비슷하게 생긴 것 같지 않니? 이탈리아어로 두오모(duomo)는 영어의 돔과 함께 라틴어 도무스(domus)에서 유래한 말이야. 모두 '반구형의 둥근 천장'을 가리키는 말이지. 그러니 이름만으로도 두오모 성당의 지붕이 둥글다는 것을 짐작할 수 있겠지? 다만 오늘날 이탈리아에서 두오모는 원래의 뜻에서 더 나아가 '대성당'이라는 뜻도 지니고 있어. 이탈리아 곳곳에 있는 대성당을 사람들이 두오모라고 불렀기 때문에 단어의 쓰임새가 더욱 넓어진 것이지. 그래서 '두오모'를 인터넷에서 검색하면 고개를 갸우뚱하게 될 거야. 피렌체뿐만 아니라 피사나 밀라노 같은 도시에서도 두오모라는 이름의 커다란 성당이 여럿 등장하거든. 그런 성당들과 지금 우리가 이야기하는 피렌체의 두오모 성당을 혼동하지 말아 주렴.

그럼 피렌체의 두오모 성당을 좀 더 자세히 살펴보자. 이 성당의 정식 이름은 '산타 마리아 델 피오레'야. '꽃의 성모 마리아'란 뜻이지. 1296년 첫 공사를 시작해 장장 140년 동안 지어졌어. 장미색, 흰색, 초록색 등의 대리석으로 외관을 꾸몄는데 오랜 세월이 지난 지금 보아도 참 화려하고 아름다워. 색이 바래긴 했지만 세월의 흔적이 고스란히 담겨 있어서 더욱 운치 있단다.

이 성당을 무엇보다 돋보이게 하는 것은 푸근하고 친근한 느낌을 자아내는 둥근 지붕이야. 전체 높이가 106미터로 아주 높아서 피렌체 시내 어디에서든 눈에 띄지. 피렌체에서 제일 잘 보이는 것이 두오모 성당의 붉고 둥근 지붕이라고 해도 결코 과언이 아니야. 그래서 피렌체 사람들은 두오모 성당을 약속 장소로 즐겨 찾는다는구나. "두오모 앞에서 보자." 하고 약속하면 누구든 헷갈리지 않고 금세 찾아올 수 있으니까. 그건 여행자들도 마찬가지야. 오랜 도시답게 피렌체에는 구불구불한 골목길이 참 많지만 처음 여행하는 사람도 길을 잃을 염려가 없어. 고개만 들면 두오모 성당 지붕이 보여서 내가 어디쯤 있는지 쉽게 알 수 있거든.

재미난 건 건물을 지은 사람과 지붕을 얹은 사람이 다르다는 거야. 성당 지붕을 얹은 사람은 바로 필리포 브루넬레스키(Filippo Brunelleschi)라는 건축가야. 분주히 오가는 여행자들 옆에 자리를 잡

산타 마리아 델 피오레 성당의 모습.
둥그런 돔이 특히 아름답다. (사진ⓒPetar Milošević)

산타 마리아 델 피오레 성당의 돔을
바라보고 있는 브루넬레스키의 석상.

고 앉아 두오모 성당의 둥근 돔을 하염없이 바라보고 있는 석상의 주인공이기도 하지.

브루넬레스키는 원래 건축가가 아니라 금속 세공사였어. 하지만 당시 피렌체에서 열렸던 한 세례당의 문 부조 현상 공모에서 기베르티라는 다른 조각가에 패한 뒤 조각가의 길을 접었어. 브루넬리스키의 재능을 알아본 사람들이 기베르티와 함께 공동 작업을 할 기회를 주었지만 그런 제안을 마다하고 건축가라는 새로운 꿈을 꾸며 로마로 갔지. 자존심이 무척 센 사람이었던 모양이야. 브루넬레스키는 설욕의 기회를 엿보면서 고대 로마의 예술과 건축을 섭렵했어. 고대 로마 제국에서 화려하게 꽃피웠지만 중세를 거치면서 조금씩 잊혔던 당시의 건축을 참고하면서 연구한 거야.

그리고 10여 년이 흐른 뒤인 1418년의 어느 날, 피렌체의 산타 마리아 델 피오레 성당에서 공모전이 열렸어. 성당 중앙에 올릴 돔 설계에 대한 공모였지. 이 돔을 건축할 때의 관건은 역시 무게였어. 성당 지붕의 무게를 어떻게 지탱하느냐가 건축의 성패를 갈랐지. 게다가 성당은 규모가 어마어마했어. 돔 지붕을 얹으려다 자칫하면 천장부터 무너져 내릴지 모르는 상황이었지. 브루넬레스키는 그 난제를 해결할 열쇠를 쥐고 있다고 믿었고 공모에 응했어. 브루넬레스키의 계획은 누구의 것보다 독창적이었다고 해. 공모전에서 당당히 우승을 차지했고 마침내 1436년, 브루넬레스키는 이 거대한 성당에 둥근 지붕을 얹는 데 성공했지.

이때 브루넬레스키가 참고한 고대 로마의 건축물은 바로 판테온이었어! 약 1,500년 전 지어진 판테온의 돔에서 힌트를 얻어 훗날 '브루넬레스키의 돔'이라 불리는 팔각형의 돔을 만들었지. 브루넬레스키의 돔은 그리스 로마 이래 가장 거대한 규모라고 해. 온고지신의 모범을 보인 셈이랄까?

그리고 많은 학자들이 브루넬레스키의 돔에 부여하는 의미가 한 가지 더 있어. 바로 이 건축을 통해서 고딕 양식이 물러가고 르네상스 양식이 시작되었다는 거야. 브루넬레스키는 건축 분야에서 르네상스의 문을 연 인물이라고 할 수 있지.

르네상스와 고대의 재발견

르네상스(Renaissance)라는 말은 역사 시간에 들어 보았을 거야. 역사 수업에는 낯선 단어가 참 많이 나와서 역사를 이해하는 데 걸림돌처럼 여겨지기도 해. 고딕이라든가 바로크라든가 하는 단어 말이야. 하지만 이런 단어들은 잘만 이해하면 걸림돌이 아니라 디딤돌이 되기도 한단다. 르네상스라는 말에도 그 시대를 설명하는 힌트가 담겨 있어.

르네상스는 프랑스어로 학문이나 예술의 재생, 부활, 부흥을 뜻하는데 역사적으로는 14세기에서 16세기에 걸쳐서 유럽에서 일어난 문화 운동을 가리켜. 르네상스 운동이 일어난 이 시기를 르네상스 시대라고 부르지.

문화 운동에 르네상스라는 이름이 붙었다면, 무엇인가 재생하고 부활시키려는 움직임이 있었기 때문이겠지? 이 시기에는 고대 그리스와 로마 문화를 이상으로 삼아서 새로운 학문과 문화를 일으키고자 하는 사람들이 많았어. 많은 학자와 예술가들이 이런 움직임에 동참해서 하나의 거대한 시대적 흐름을 형성해 내었지. 그러니까 르네상스에서 재생이나 부활은 '고대의 부활' 또는 '고대의 재발견'이라는 의미로 사용되었다고 할 수 있어.

그런데 왜 하필 그리스와 로마를 이상으로 삼았을까? 그건 바로 약 1,000년에 걸쳐 중세를 지배했던 신 중심의 세계관을 탈피하고자 했기 때문이야. 흔히 서양의 중세를 '암흑기'라고 표현하기도 하는데, 인간보다는 신과 교회를 중심으로 세상이 돌아갔던 것에 대한 비판을 담고 있어. 기독교 중심의 중세에서 벗어나 인간의 창의성과 존엄성, 자유 의지를 존중하는 새로운 시대로 나아가고자 하는 사람들에게 고대 그리스와 로마에서 꽃피웠던 인간 중심의 문화들은 좋은 모범이 되어 주었어.

재생, 부흥이라는 뜻으로 르네상스에 대한 설명을 시작했지만, 사실 한두 마디로 정의 내릴 수 있는 시기는 아니야. 르네상스는 거의 모든 분야에서 여러 가지 새로운 사조가 일어나고 서로 영향을 주고받은 아주 복합적인 시대였거든. 예컨대 정치학에서는 『군주론』이라는 책으로 근대적인 정치관을 개척한 마키아벨리가 있었고, 천문학에서는 지구가 태양 주위를 돈다고 주장한 코페르니쿠스가 있었지. 미술에서는 레오나르도 다빈치, 미켈란젤로 등의 화가들이 명성을 떨쳤고 말이야. 서양의 중세를 끝내는 데에 큰 획을 그은 다양한 움직임이 처음으로 꿈틀거리고 기지개를 켰던 때가 바로 르네상스 시대야. 르네상스를 거치며 유럽은 비로소 중세를 벗어나 근세라는 새로운 시대로 넘어갔다고 할 수 있으니 의미심장한 시기임에 틀림없지.

유럽 중에서도 이탈리아는 르네상스 운동의 중심지였어. 이탈리아의 여러 도시들은 고대 로마 시대부터 풍부한 문화를 향유해 온데다, 상업이 크게 발달해서 매우 부유했거든. 이탈리아의 주요 도시로는 피렌체, 로마, 베네치아 등을 들 수 있는데, 그중에서도 피렌체에서 르네상스 운동이 가장 활발했어. 당대의 학자와 예술가들을 아낌없이 후원하기로 유명했던 부호 메디치 가문도 바로 피렌체에 있었지. 메디치 가문의 일원이었던 코시모 데메디치는 자신의 재산으로 구할 수 없는 책은 45명의 필사가를 고용해 베끼게 할 정도였어.* 이 일화만 보아도 학문에 대한 열정을 알 수 있지. 메디치 가문

• Will Durant, *Heroes of History*, Simon&Shuster 2012, 190면.

은 정치적으로도 영향력이 상당해서 이 시기에 활동한 마키아벨리의 책 『군주론』은 또 다른 메디치가의 일원인 로렌초 데메디치에게 전하는 글이었어.

메디치 가문을 비롯해 피렌체의 여러 부유한 집안들이 후원해 준다는 소문이 나자, 당대의 이름난 학자와 예술가들은 피렌체로 몰려들었고 피렌체는 전 유럽에 명성을 날리게 된단다.

바로 그 피렌체에서 활동하던 브루넬레스키는 르네상스 시대의 초입에 자리했던 인물이야. 고대 그리스와 로마의 학문과 예술을 재발굴하고 재조명하려는 움직임의 한복판에 있던 브루넬레스키는 자신의 영역인 건축 분야에서 그 흐름에 앞장섰어.

그런 시대를 이해하고 나면 왜 브루넬레스키가 공모전에서 패배한 후 로마로 갔는지, 그리고 왜 로마에서 고대 로마 건축을 연구했는지 이해할 수 있겠지? 브루넬레스키는 로마 건축에서 응용할 만한 요소가 무엇이 있을지 연구했고 두오모 성당의 돔에서 그것을 실용적으로 활용해 냈어. 고대 로마에서 지어진 판테온이 르네상스 시대의 두오모 성당을 통해 재발견된 셈이라고 할까? 그리고 그 두오모 성당은 르네상스 시대 전체를 통틀어서 가장 대표적인 건축으로 남았고 말이야.

이런 사실을 알고 나면 그저 예쁘다고만 생각했던 돔 지붕이 새롭게 보일 거야. 1,500년의 시간을 뛰어넘어서 고전 건축을 재해석한 천재 건축가와, 그 건축가가 활동한 르네상스 시대의 이야기가 모두 저 아름다운 돔 지붕 안에 깃들어 있는 셈이니까.

언젠가 어른이 되어 이탈리아를 둘러볼 기회가 생기거든 이 사연 많은 둥근 지붕을 꼭 한 번 찾아가 보렴. 처음 가는 길이라도 성당을 못 찾을 걱정일랑 접어 두어도 좋아. 시내 어디에서든 한눈에 보이는 커다란 지붕이 바로 네가 찾는 그 지붕이니까.

서재

구텐베르크의
인쇄 혁명과 종교 개혁

책이 빽빽이 꽂혀 있는 서재에 들어서면 어떤 기분이
드니? 엄마가 어렸을 때만 해도 책은 퍽 귀한 물건이었
어. 책을 빌려 보려고 친구 집에 놀러 가기도 했으니까.
세계 문학 전집이 가득한 서재가 따로 있으면 꽤 부유
한 집이었지. 책을 좋아하는 친구들은 커서 집 안에 서
재를 만드는 게 꿈이었단다. 그래서인지 엄마는 지금도
책이 가득한 서재에 들어서면 갑자기 부자가 된 느낌이
들어. 오늘은 그 서재를 이루는 책과 인쇄술 이야기를
들려줄게.

필사 작업은 너무나 어렵다

책이 지금처럼 흔해진 건 아주 최근의 일이야. 우리나라가 빨리 경제 성장을 한 덕분일 거라고? 그것도 한 가지 이유겠지만, 사실 우리나라뿐만 아니라 세계적으로도 사람들이 집집마다 자기만의 서재를 꾸밀 수 있을 만큼 책이 많아진 것은 그리 오래된 일이 아니란다. 서재의 역사는 책의 역사와 같이 발전하는데 책을 대량으로 생산해 낼 수 있게 된 것이 비교적 최근의 일이거든.

책의 역사란 곧 인쇄술의 역사라고 할 수 있어. 인쇄술 하면 떠오르는 역사적인 인물이 한 명 있지? 역사책마다 빠짐없이 등장하는 이름, 바로 독일의 요하네스 구텐베르크(Johannes Gutenberg)야. 구텐베르크는 서양 최초로 금속 활판 인쇄술을 발명하면서 책의 역사에 그야말로 혁명을 가져왔어. 구텐베르크가 발명한 인쇄기 덕분에 비로소 책을 한꺼번에 많이 찍어 낼 수 있게 되었거든.

그럼 구텐베르크 이전에는 책을 어떻게 만들었을까? 기계가 없으니 사람이 일일이 손으로 쓰는 수밖에 없었겠지? 이렇게 손수 베끼는 작업을 필사(筆寫)라고 하는데, 중세 시대에 유럽에서는 이 필사 작업을 주로 수도원에 있는 수도사들이 담당했어. 당시에는 주로 양피지에 글을 썼는데, 수도사들은 양피지를 만드는 기술은 물론 상태가 좋은 양피지를 복원해서 재사용하는 방법도 배워야 했어. 자연스럽게 수도사들은 책의 독자이자 사서이자 책을 보전하는 사람이 되었고 나아가 책을 만드는 사람이 되었지.[*]

수도원에서는 전쟁이나 화재 등의 사고로 책을 잃어버릴 것에 대비해서 많은 책을 필사해 두었어. 수도사들은 주로 성서나 종교 관련 서적을 베껴 썼기 때문에 이들의 작업은 기독교 문화를 보존한다는 의미가 컸지. 수도원마다 스크립토리움이라는 필사실이 따로 있어서[**] 그곳에서 수도사들이 직접 책을 베껴 썼대. 필사 작업이 끝나면 글자 채식사들이 글자와 테두리를 장식했고, 그러고 나면 삽화 채식사들이 본문 내용을 그림으로 그렸대. 그러면 학식이 높은 수도사가 원본과 필사본을 대조하면서 틀린 곳을 바로잡았지. 그런 뒤에 양피지들을 한데 묶어 제본을 하면 비로소 책 한 권이 완성되는 거야.

성경 한 권을 만드는 데 양 200여 마리의 가죽이 들어갈 정도였다니 재료비도 엄청난 데다, 일일이 손으로 베껴야 했으니 그 시간과 노력도 결코 만만치 않았지. 그러니 책값은 비쌀 수밖에 없어서 부

• 스티븐 그린블랫 『1417년, 근대의 탄생』, 이혜원 옮김, 까치 2013, 41면.
•• 브뤼노 블라셀 『책의 역사』, 권명희 옮김, 시공사 1999, 22면.

SCRIPTORIUM MONK AT WORK. (From *Lacroix*.)

스크립토리움에서 필사 작업에 몰두하고 있는 수도사.

자나 귀족만 책을 가질 수 있었어.

수도사들은 성경 외에도 키케로와 플라톤, 아리스토텔레스 같은 철학자들의 라틴어 고전을 포함해 다양한 주제의 서적도 필사했어. 문제는 이 필사 과정이 보통 고된 일이 아니었다는 거야. 필사라고 해서 오늘날 우리가 종이에 연필로 옮겨 쓰는 것 정도를 상상하면 안 돼. 연필로 필기하는 것도 오래 쓰면 팔이 저리고 아프다고? 물론 그렇지만 그래도 과거의 필사는 그것과는 차원이 달랐단다.

피지는 동물의 가죽을 무두질해서 만드는데, 이런 피지 위에 글자를 적는 것은 적는다기보다 '새기는' 작업에 가까웠대. 책을 필사할 때는 일단 피지 위에 글을 가지런히 쓸 수 있도록 자로 줄을 그은 다음에 글자 모양대로 구멍을 냈어. 그 구멍과 구멍을 연결해서 글자를 만드는 거야. 그러자니 글을 쓴다기보다는 구멍을 콕콕 찍는 일에 더 가까웠지. 게다가 오늘날처럼 연필이나 볼펜이 흔하던 시절이 아니라서 수도사들은 잉크도 직접 만들어야 했어. 오크 나무 벌레, 아라비아고무, 식초와 포도주 등을 섞어서 만들었는데,* 이것도 결코 쉬운 일이 아니었어. 또 글자를 틀리면 지우개로 지울 수 없으니 한 페이지를 다시 다 써야 했단다.

복병은 또 있었어. 여름에는 그나마 괜찮은데 겨울이면 추위와 씨름해야 했어. 추우면 불이라도 좀 피우지 그랬느냐고? 어림없는 소리! 필사실에 불기라곤 눈을 씻고 찾아봐도 없었단다. 당대엔 가구나 집기를 주로 나무로 만들다 보니 장작불을 때다 자칫 불이라도 나면 물건이 타 버릴 우려가 컸어. 제일 위험한 건 책이야. 그토록 공들여 만든 책들을 모아 둔 서가에 불이 나서 책이 모두 불탄다고 상상해 보렴! 악몽이 따로 없을 지경이야. 그러니 수도사들은 필사실에서만큼은 난방을 할 엄두를 내지 못했어. 찬바람이 새어 들어오는 방에서 추위로 곱은 손을 호호 불면서 일해야 했지.

게다가 창으로 들어오는 바람은 조금만 들어와도 아주 매서웠어. 아직 창문에 유리가 없었거든. 오늘날 우리가 아는, 창문 용도의 널

• 토니 로빈슨·데이비드 윌콕『불량 직업 잔혹사』, 신두석 옮김, 한숲 2005, 47면.

찍한 판유리가 만들어진 것은 산업 혁명보다도 훨씬 후의 일이니까 말이야. 당시에는 창문이라고 하면 외부인의 침입을 막느라 아주 작게 구멍을 내어 철창을 대는 정도, 아니면 비바람을 막기 위해 나무판으로 된 덧창을 다는 정도가 고작이었어. 비록 창이 크지는 않았지만 찬 기운을 확실히 막아 주는 창문이 없으니 작은 틈으로도 날선 바람이 들어와서 필사실은 정말 추울 수밖에 없었단다.

그런 까닭에 간혹 필사본의 여백에서 수도사들이 남긴 불평과 하소연들이 발견되기도 해. 그중에는 보는 사람으로 하여금 안타까운 마음을 자아내는 딱한 사연들도 있지.

"필사 작업은 너무나 어렵다. 눈도 피곤하고 허리도 아프고 손발에서는 경련까지 인다."•

이렇게 길게 쓰지도 못하고 간신히 한마디로 쓴 낙서도 있었어. 바로 이런 말.

"주님, 춥나이다."••

우리가 오늘날에도 유럽의 오랜 기록을 볼 수 있는 것은 열악한 환경 속에서도 한 자 한 자 글자를 옮기는 지루하고 힘든 작업을 감내해 준 필사가들 덕분이야.

그리고 이런 필사가들의 고통과 노력을 덜어 준 발명품이 바로 활자와 인쇄술이었어.

• 같은 곳.
•• 같은 책 48면.

직지심체요절과 구텐베르크의 인쇄기

사실 인쇄술에 관한 한 우리나라는 큰 자부심을 느껴도 좋아. 세계적으로 뛰어난 인쇄 문화를 발전시킨 역사가 있으니까. 경주 불국사 석가탑에서 나온 『무구 정광 대다라니경』이 751년 이전에 찍은 목판 인쇄물로 밝혀졌는데, 현재 세계에 남아 있는 목판 인쇄물 중 가장 오래된 것이라고 해.

우리나라뿐만 아니라 많은 나라에서 처음에는 목판 인쇄술이 먼저 발전했어. 나무로 된 판에 글자를 새긴 다음 먹을 칠하고 종이에 찍어 내는 거야. 그런데 목판은 재료인 나무의 특성상 때때로 부러지거나 갈라지는 문제가 있었어. 인쇄공들은 더 튼튼한 방식으로 만들 필요성을 느꼈지.

나중에 나온 금속 활자는 그런 문제를 해결해 주었어. 금속 활자를 이용한 최초의 간행물 역시 고려 시대 때 만든 『고금상정예문』이라고 해. 1234년에 만들어졌다는데 안타깝게도 그런 기록만 남아 있을 뿐 그 인쇄물이 전해지지는 않고 있어. 그 대신 현재 프랑스의 국립 박물관에 있는 『직지심체요절』이 고려 우왕 3년(1377년)에 인쇄된 것인데, 현존하는 가장 오래된 금속 활자 간행물로 공인받았어. 굉장한 기록이지? 만약 그때 우리 기술이 유럽까지 빨리 전파되었다면 유럽의 수도사들이 조금 덜 고생했을지도 모르겠다.

다행히 유럽에는 오늘날 '인쇄술의 아버지'라 불리는 구텐베르크가 있었어. 구텐베르크가 처음부터 인쇄 일을 한 것은 아니었어. 원래는 액세서리나 순례자를 위한 휴대용 거울 같은 소품을 만드는 금속 세공인이었대. 이 기술은 나중에 인쇄기를 개발하는 데에 큰 도움이 되었어. 금속 세공 기술을 배우는 와중에 쇠붙이를 녹여 붓는 틀, 즉 주형(鑄型)에 대해 알았고 쇠붙이 위에 글자를 능숙하게 새겨 넣는 기술도 익혔다고 하니까 말이야. 게다가 구텐베르크가 살던 마인츠와 슈트라스부르크는 와인 생산지로 유명했는데 그 덕분에 구텐베르크는 포도즙을 짜는 와인 압착기에 대해 잘 알고 있었어. 그것을 인쇄기에 응용하면서 인쇄기 개발에 박차를 가할 수 있었지. 지판 위에 종이를 펼쳐 얹은 후 프레스로 꽉 눌러 찍어 내면 잉크가 고루 묻으면서 힘도, 시간도 덜 들었거든. 그편이 손으로 일일이 문지르는 것보다 훨씬 효율적이었어.

이런저런 기술과 아이디어를 통해 구텐베르크는 마침내 1450년에 인쇄기를 만들게 돼. 금속 활자들을 배열해 판면을 만든 다음 인쇄기에 올려 인쇄하는 방식은 목판 인쇄와는 비교도 되지 않을 정도로 작업 속도가 빨랐어. 구텐베르크는 직접 개발한 인쇄기로 1455년경엔 『구텐베르크 성경』을 인쇄해서 출간하기도 했어. 구텐베르크의 42행짜리 성경은 150부를 종이에, 30부를 양피지에 인쇄했는데 그중 양피지에 인쇄했던 성경 4부가 완전한 형태로 전해져서 오늘날 세계 기록 유산으로 인정받고 있단다.

당시에 구텐베르크만 홀로 인쇄기 개발에 힘쓴 건 아니었어. 구텐베르크 말고도 인쇄술을 개발하려고 애쓴 사람들이 더러 있었지만 기술 면에서 그를 따를 자가 없었다고 해. 아이러니한 건 역사에 길

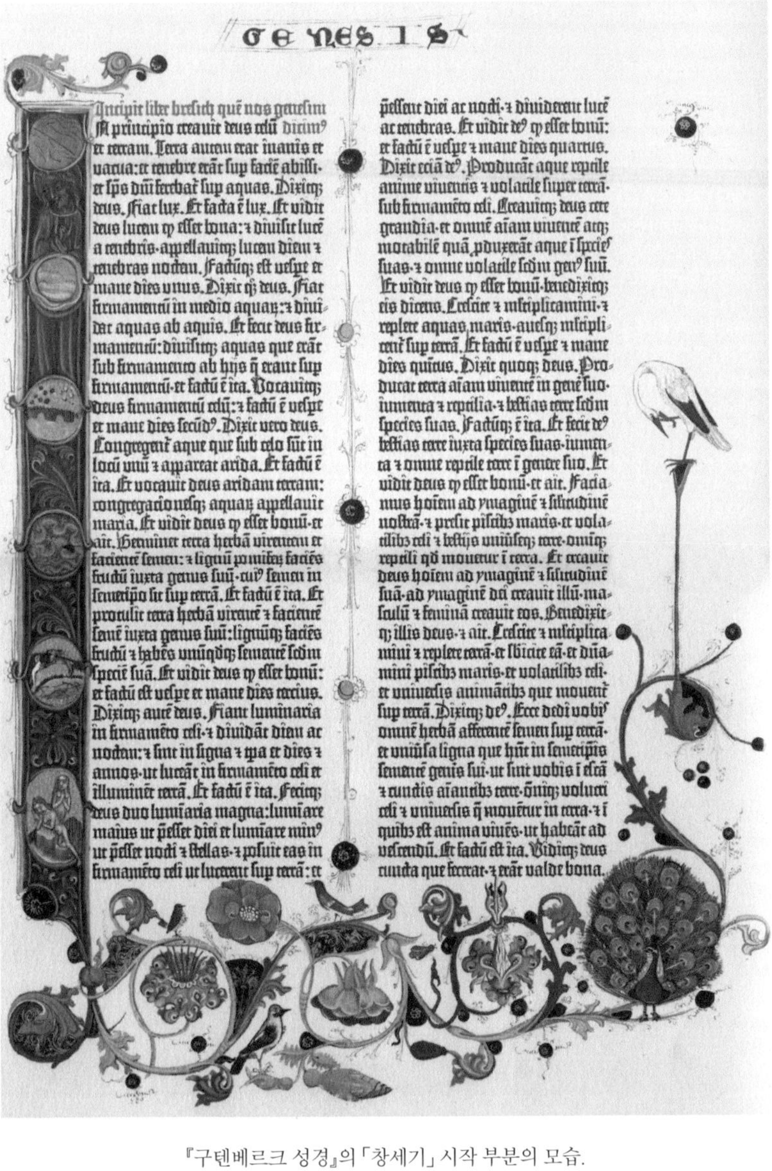

『구텐베르크 성경』의 「창세기」 시작 부분의 모습.

이 남을 인쇄기를 발명하고도 정작 구텐베르크는 가난하게 살았다는 거야. 지금으로 치면 엄청난 히트 상품을 만들어 낸 셈인데, 그걸로 큰돈을 벌기는커녕 외려 빚 독촉에 시달렸다고 하는구나. 그래서 외골수 발명가라는 이미지가 강하지만 어떤 학자들은 구텐베르크가 부자가 될 욕심이 없었던 사람은 아니었다고 추측해. 수완 좋은 사업가의 면모가 있었지만 계획대로 일이 진행되지 않았을 뿐이라는 거야.

비록 발명가를 부자로 만들어 주지는 못했지만 구텐베르크의 인쇄술은 유럽 전역으로 빠르게 전파되었어. 인쇄 혁명이라고 부를 정도였지. 그런데 여기서 한 가지 궁금증이 생겨. 왜 우리나라의 인쇄술은 구텐베르크의 것만큼 빠르게, 널리 전파되지 않았을까? 우리 기술도 아주 뛰어났는데 말이야. 앞서 말한 압착기를 비롯해 여러 가지 이유가 있겠지만 많은 학자들이 글자의 차이를 주요 원인으로 꼽아. 우리나라는 오랫동안 한자를 쓰고 있었는데 한자의 특성상 인쇄기 하나를 만들려면 수천, 수만 개의 활자를 만들어야 해. 그러니 기술이 있어도 널리 쓰이기가 어려웠지. 한글이 조금 더 일찍 창제되었더라면 나았을까? 한글은 14개의 자음과 10개의 모음으로 이루어져 있으니까 말이야. 하지만 한글은 자음과 모음을 이리저리 조합해야 하니, 예쁘게 만들자면 그 나름대로 활자로 만드는 데에 어려움이 있었을 거야.

하지만 알파벳은 비교적 쉬워. 너희도 알다시피, 알파벳은 대문자, 소문자 각각 26개의 낱자와 숫자 10개, 기호 몇 개를 활용해 한

'인쇄술의 아버지'라 불리는
요하네스 구텐베르크.

줄로 나열해서 쓰는 문자잖아. 그러니 인쇄술이 널리 퍼지기가 훨씬
쉬웠어. 물론 책 한 페이지를 만들려면 같은 알파벳 활자가 여럿 필
요하긴 했지만 그래도 일단 몇 개를 만들어 두면, 썼다 분리한 뒤 다
시 조립해 쓸 수 있으니 아주 실용적이었지.

　그런 특징 덕분에 구텐베르크의 인쇄술은 개발되자마자 세상에
널리 전파될 수 있었어. 그 파급력이 어찌나 컸던지, 구텐베르크의
인쇄술은 인쇄의 역사, 책의 역사뿐만 아니라 말 그대로 서양의 역
사를 크게 바꾸어 놓았어. 가장 중요하게는 종교 개혁을 일으키는
데에 혁혁한 공을 세웠지.

인쇄기가 종교 개혁을 일으켰다고?

종교 개혁이라는 말은 낯설지 않을 거야. 서양 역사에서 워낙 중요한 대목이라 여기저기 자주 등장할 테니까. 종교 개혁은 16~17세기에 유럽에서 로마 가톨릭교회의 부패를 비판하고 쇄신하려 했던 개혁 운동을 말해. 교회와 교황의 권위에서 벗어나 초기 교회의 순수한 신앙과 성서 본연의 정신으로 돌아가자는 운동이었지. 독일과 프랑스, 영국 등 유럽의 주요 국가들을 중심으로 일어났고 이를 통해 신교 혹은 프로테스탄트라고 부르는 기독교의 분파가 새로이 생겨났어. 유럽의 역사에 그야말로 한 획을 그은 중요한 사건이지.

결과적으로는 엄청난 사건이 되었지만, 그 발단은 조금 엉뚱하게 시작되었어. 오늘날 바티칸 시국에는 산피에트로 대성당이라는 교황 직속의 유명한 성당이 있어. 원래 4세기에 콘스탄티누스 대제가 예수의 열두 제자 중 한 사람인 베드로의 무덤 자리에 지었다고 전해지는데, 16세기에 교황 율리오 2세가 새로 짓기로 결정하고 실행에 옮기면서 화려하고 웅장한 성당으로 거듭났지. 지금도 유럽에서 제일 큰 성당으로 꼽힌단다. 최대 6만 명을 수용할 수 있다고 하니 정말 어마어마하지.

그런데 성당을 새로 짓는 과정은 녹록지 않았어. 거대한 규모만큼 큰돈이 들었거든. 이 비용을 어떻게 조달할지 고민하던 교황 레오 10세는 면죄부를 판매해야겠다고 결심했어. 교황의 이름으로 죄를 용서한다는 면죄부를 사람들에게 팔아서 돈을 모으겠다는 생각이었지. 이전에도 이런저런 사정이 있을 때 면죄부를 파는 일이 가끔 있었기 때문에 그게 큰 문제가 되리라고는 미처 생각하지 않았던 모양이야.

의도는 나쁘지 않았지만 과정이 문제였어. 처음부터 "성당을 고쳐 짓기 위해 성금이 필요합니다. 한 푼씩 절약하여 모금에 참여해 주십시오." 하고 솔직하게 이야기했더라면 좋았을 텐데 일이 이상하게 흘러가고 말았어. 면죄부를 팔기 위해 설교하던 테첼이란 허풍선이가 눈살이 찌푸려질 정도로 속되고 저급한 표현을 했지.

그는 동전이 궤짝에 땡그랑 하고 떨어지는 소리가 울릴 때마다 "영혼이 연옥에서 천국으로 올라갈 것이로다." 하고 외치고 다녔어.* 마치 면죄부가 천국으로 가는 표라도 되는 양 말하고 다녔던 거야. 이처럼 시장 바닥에 나앉은 듯한 교회의 천박한 모습에 많은 이들이 분노했지. 특히 독일의 수도사 마르틴 루터는 참을 수 없을 지경이었어.

루터는 한낱 장사치가 되어 버린 교회의 현실에 격분했어. 그래서 면죄부의 부당성을 조목조목 지적하고 판매를 중단해 줄 것을 요청하는 「95개조 반박문」을 써서 자신이 신학 교수로 재직하던 비텐베르크 대학 교회 정문에 박아 걸었어.

루터의 비판은 독일 전역에 큰 반향을 불러일으켰어. 원래 라틴어로 쓰였던 「95개조 반박문」은 곧 독일어로 번역되어 '인쇄'된 뒤에

• 정윤수 『클래식 시대를 듣다』, 너머북스 2010, 61~62면.

루카스 크라나흐가 1528년에 그린
「마르틴 루터의 초상」.

독일 방방곳곳에 벽보 형태로 나붙었어. 그 덕분에 단 2주 만에 그 내용을 모르는 사람이 거의 없을 정도로 널리 알려지게 되었지.* 이 건 심지어 당사자인 루터도 예상치 못한 상황이었어. 구텐베르크의 인쇄술이 폭발적인 영향력을 발휘한 거야.

　사람들의 호응에 용기를 얻은 루터는 「95개조 반박문」에 그치지 않고 계속 여러 가지 팸플릿을 작성하기 시작했어. 루터가 쓰면 사람들이 읽었어. 구텐베르크의 인쇄기는 루터가 글을 쓸 때마다 사람들에게 실어 날랐지. 1518년부터 1525년까지 100만 부의 문헌이 인

• 강창래 「인쇄술은 개혁의 도구였고, 책은 혁명의 씨앗이 되었다!」, 『책과 삶』 2014년 4월 호, 2면.

쇄됐는데 그중 30만 부는 루터가 쓴 팸플릿이었다고 할 정도니° 정말 대단한 규모지? 최첨단 인쇄 기술을 보유한 현대의 베스트셀러 작가도 부럽지 않은 수준이니 말이야.

그렇게 시작된 교회 비판은 서서히 종교 개혁의 물결을 만들어 냈어. 루터도 점차 본격적인 종교 개혁가가 되어 갔지. 분노한 교황은 1521년에 루터를 파문했어. 교회로서는 초강수를 둔 것이지만 이 조치로도 루터의 활동을 멈출 수는 없었어. 루터는 몸을 피신한 뒤에도 더욱 열정적으로 종교 개혁에 나섰어. 특히 성경 번역에 몰두한단다. 루터가 번역한 독일어판 성경은 그간 라틴어에 가로막혀 성경을 직접 읽을 수 없었던 독일 민중에게 큰 힘이 되었어. 이때 루터의 번역문은 이후 근대 독일어의 표준이 되었다고 해.

루터와 후스의 운명이 달라진 이유

인쇄술의 위력은 루터와, 또 다른 종교 개혁가인 얀 후스(Jan Hus)를 비교해 보면 더욱 확실하게 나타나. 사실 종교 개혁을 원하는 움직임은 루터 이전에도 있었어. 오늘날 체코 프라하의 광장에 서 있는 군상의 주인공 후스는 그중 가장 대표적인 인물이야. 루터도 후스에게서 많은 영향을 받았어.

14세기 후반에 태어나 루터보다 한 세기 전에 살았던 후스는 일

• 김환영 『하루 10분, 세계사의 오리진을 만나다』, 부키 2013, 283면.

얀 후스의 서거 500주년을 기념해 프라하의 구시가지 광장에
1915년에 세워진 군상.(사진ⓒØyvind Holmstad)

찌감치 가톨릭교회의 부패상을 알고 비판했어. 고위 성직자들이 성직을 사고파는 것을 비판하면서 교회가 좀 더 청빈해져야 한다고 강력히 주장했지. 그러자 교황과 추기경들이 모여 진행하는 공식 종교 회의였던 콘스탄츠 공의회에서는 개혁을 외치던 후스를 이단자라고 몰아세웠어. 결국 후스는 1414년에 산 채로 화형당하고 말았어.

비슷한 내용을 주장했는데 루터와 후스 두 사람의 운명은 왜 이렇게 달랐을까? 두 사람이 활동하던 시대의 분위기가 여러모로 다르기도 했지만, 후스는 구텐베르크 이전의 사람이라 성경은 물론 자신의 생각을 책이나 팸플릿을 통해 충분히 퍼뜨릴 수 없었다는 점이 중요한 차이일 거야. 실제로 구텐베르크 인쇄기 덕분에 종교 개혁가들의 저작물은 엄청난 부수가 인쇄되어 팔렸는데, 루터가 번역한 성경의 경우 1522년부터 1546년까지 430쇄를 돌파했을 정도라고 해.* 아쉽게도 후스는 그런 대열에 합류할 수 없었지.

구텐베르크의 인쇄술 덕분에 루터가 화형을 면했다고 하면 과장일까? 사람의 운명을 함부로 단정할 수는 없지만 약 100년의 시간 간격을 두고 후스와 루터의 운명이 판이하게 전개된 데에는 구텐베르크 인쇄술의 영향을 무시할 수 없어.

루터 이후 본격화된 종교 개혁 운동은 유럽 전체로 퍼져 나갔고, 스위스의 츠빙글리와 프랑스의 칼뱅 등이 여기에 동참해 사람들을 이끌었어. 특히 근면과 성실을 강조한 칼뱅은 상인들 사이에서 크게

• 이영림·주경철·최갑수 『근대 유럽의 형성 16~18세기』, 까치 2011, 110면.

환영받아 세력을 넓혀 나갈 수 있었지.

유럽에서는 루터파와 칼뱅파, 영국 국교회 같은 새로운 교파가 속속 생겨났고 이 신교들은 가톨릭교회와 대립했어. 신교가 등장하자 그동안 가톨릭교회에 실망했던 많은 사람들이 신교로 모여들었지. 가톨릭교회와 교황의 권위를 인정하지 않고 성경을 중심으로 한 신앙생활을 주장한 이 사람들을 프로테스탄트(Protestant)라고 불렀어. 기존의 가톨릭교회에 대해 자기 신앙을 확실히 하고 저항했다는 의미에서 '항의하는 자'라는 뜻을 담아 부른 것이지.

구텐베르크 이후 인쇄술이 계속 발전한 덕에 이제는 누구나 책을 쉽게 구해 읽을 수 있는 시대가 되었어. 너희로서는 좋든 싫든 매일 들여다봐야 하는 책이 때로 지겹거나 따분하게 느껴질 수도 있을 거야. 책 보란 말, 공부하란 말을 듣기 힘들었을 옛날 십 대들이 부럽다는 생각마저 들지도 모르겠다. 하지만 평범한 사람들이 보고 싶을 때 언제든 책을 볼 수 있는 기쁨을 누리게 된 것이 그리 오래되지 않은 일이라는 사실을 알고 나면 한 번쯤은 책을 경건한 마음으로 바라볼 수 있지 않을까? 여유가 있으면 방 한쪽에 좋아하는 책을 따로 모아서 나만의 작은 서재를 꾸며 보는 것도 좋을 것 같구나.

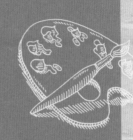

욕실

「마라의 죽음」과
프랑스 혁명

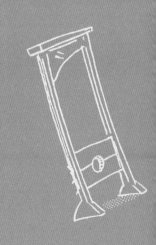

수증기가 뭉게뭉게 올라오는 욕실 안으로 시선을 옮겨 볼까? 따뜻한 욕조 물에 몸을 담그고 머릿속을 비우는 것만큼 완벽한 휴식도 없을 거야. 욕조 안에 말린 쑥이나 녹차 티백이라도 넣어 은은한 향을 함께 음미하면 일상의 작은 기쁨을 누릴 수 있지. 어른이 되어 바쁜 하루하루를 살다 보니 이런 시간이 더욱 소중하게 느껴져. 그런데 이 평화로운 욕실을 배경으로 엄청난 역사적 사건이 일어난 적이 있어. 그 이야기 들어 볼래?

마라의 집에선 무슨 일이?

옛날 사람들도 목욕을 참 좋아했나 봐. 고대 인도나 로마에도 공중목욕탕이 있었다는 것을 보면 말이야. 로마의 황제였던 카라칼라의 이름을 딴 카라칼라 목욕탕은 대표적인 로마 목욕탕으로 꼽히는데 한 번에 1,500명이 목욕할 수 있을 정도로 규모가 컸다는구나. 식당이며 상점, 운동 시설은 물론 미술관과 도서관까지 갖추고 있었다고 해.* 로마 제국에서 목욕탕은 단순히 몸을 씻는 곳만이 아니라 사람들을 만나 교류하고 문화생활도 하는 장소였나 봐.

욕조와 관련해서는 고대 그리스의 수학자 아르키메데스의 일화가 유명한데 혹시 들어 보았니? 아르키메데스는 물에 몸을 담그는 순간 수위가 높아지는 것을 보고 부력을 통해 황금 왕관의 순도를 알아낼 방법을 찾았다고 해. 그러고는 너무 기쁜 나머지 '찾았다'라

* 김동훈, 『건축, 그 천년의 이야기』, 삼양미디어 2010, 74면.

는 뜻인 "유레카!" 하고 외치며 뛰쳐나와서는 미처 옷을 입을 새도 없이 발가벗은 채로 로마 시내를 껑충껑충 뛰어다녔다고 하지. 워낙 오래전의 일이라 어디까지가 정확한 역사적 사실인지 확인하기는 어렵지만, 이 일화는 사람들의 입꼬리를 슬며시 올라가게 만드는 유쾌한 이야기임에 틀림없어.

욕조에 얽힌 사연 중에는 이런 재미난 일화도 있지만 아주 섬뜩한 것도 있어. 유명한 화가 자크루이 다비드(Jacques-Louis David)가 그린 「마라의 죽음」에 얽힌 이야기도 그중 하나야. 아르키메데스와 달리 확실한 역사적 사건과 맞물려 있다는 점에서 더욱 무서운 느낌이 들기도 해.

그 그림을 한번 보렴. 욕조에 몸을 담근 채 한쪽에 비스듬히 기대어 있는 남자가 있어. 반신욕을 하다 노곤해져서 평화로이 잠든 것일까? 아니면 눈을 지그시 감고 시상이라도 떠올리고 있는 것일까? 그렇게만 생각하다가 좀 더 자세히 들여다보면 가슴께에 있는 흰 천에 묻은 핏자국이 심상치 않다 싶을 거야.

이 그림 속의 남자는 실존 인물이란다. 1789년에 프랑스 혁명이 일어난 이후 어수선해진 프랑스 사회를 이끌어 나가던 정치가 장폴 마라(Jean-Paul Marat)이지. 마라는 로베스피에르, 당통과 더불어 당시 가장 중요한 프랑스 지도자 중 하나로 꼽힌단다.

그런데 욕실이라니, 유명한 정치가를 그린 배경치곤 참 독특하지? 마라는 원래 목욕을 자주 했대. 심한 피부병을 앓았거든. 병이 얼마나 중했던지 온몸은 물론 머리에까지 아토피 증세가 있었다지

자크루이 다비드가 1793년에 그린 「마라의 죽음」.

뭐니. 그래서 가렵고 따가운 증세를 누그러뜨리려고 미리 식초에 담가 두었던 수건을 머리에 뒤집어쓰고는 약을 푼 욕조 물에 몸을 담그곤 했대. 바쁠 때면 종종 욕조에 몸을 담근 채로 업무를 보기도 했다는구나.

그런데 1793년 7월 13일 저녁 무렵, 마라의 집에 한 젊은 여인이 찾아와 문을 두드렸어. 마라에게 꼭 전할 말이 있다고 하면서 말이야. 낯모르는 여인이라 집사가 선뜻 집 안에 들이지 않자, 여인은 반혁명 분자의 명단을 전해 주겠다°며 꼭 마라를 만나야 한다고 버텼어. 마라는 무슨 일인가 싶어 여인을 집 안으로 들어오게 했어.

드디어 마라를 만난 여인은 마라에게 종이 한 장을 건넸어. 마라가 그 종이를 읽으며 여인과 말을 나누는 사이, 갑자기 여인의 태도가 돌변했어. 여인은 가슴 속에 숨겨 온 칼을 꺼내더니 마라의 가슴을 찌른 거야! 순식간에 가슴을 관통당한 마라는 그 자리에서 숨을 거두고 말았지. 무명의 젊은 여성이 당대 최고의 정치가를 암살하다니, 이 사건은 프랑스 사회를 뒤흔든 스캔들이 되었어.

젊은 여인의 정체는 금세 밝혀졌어. 비명을 듣고 사람들이 한달음에 달려왔고 여인은 현장에서 바로 체포되었거든. 여인은 스물다섯 살의 샤를로트 코르데(Charlotte Corday)라는 사람으로 지롱드파의 지지자였어. 지롱드파란 프랑스 혁명 이후 생긴 온건파 정당이란다.

마라는 그보다 좀 더 과격한 자코뱅파였는데 코르데와 정치적 입

• 주명철 『오늘 만나는 프랑스 혁명』, 소나무 2013, 224면.

장이 다르기는 했지만, 그래도 젊은 여성 혼자 이런 엄청난 일을 저질렀다는 게 사람들은 도무지 믿기지 않았어. 많은 이들이 코르데의 배후에 이런 일을 시킨 사람이 있을 거라고 의심했지. 하지만 코르데는 끝까지 누구의 이름도 말하지 않았어. 결국 사건은 단독 범행으로 마무리되었어.

마라를 살해한 죄로 법정에 선 코르데는 범행 이유에 대해 이렇게 이야기했어.

"나는 10만 명의 목숨을 구하려고 한 명의 목숨을 없앴습니다."*

코르데는 왜 자기 행동에 이런 거창한 의미를 담은 걸까? 마라는 대체 어떤 인물이었기에 앞날이 창창한 젊은 여인이 그런 비장한 결심을 했던 걸까? 자코뱅파와 지롱드파는 또 무슨 관계일까? 그림 한 장을 두고 여러 가지 궁금증이 일지 않니? 이 그림에 숨은 프랑스 혁명기의 역사를 좀 더 알아보자.

프랑스 혁명이 가져온 혼란

프랑스 혁명은 굶주리던 시민들이 들고일어나 인간으로서의 생존권과 시민으로서의 자유를 얻어 낸 사건이야. 시민들이 수도 파리에 있는 바스티유 감옥을 습격하는 것으로 시작해서, 곧 프랑스 전역의 농민들도 봉기하게 되었지. 혁명은 성공했고, 왕정은 무너졌어.

• 같은 책 221면.

작자 미상 「1789년 7월 14일, 바스티유 감옥을 습격해 감옥의 책임자 드로네를 체포하다」.

역사학자들은 1789년에 일어난 프랑스 혁명을 통해 근대적인 의미의 시민이 탄생했다고들 해. 그전까지 나라의 주인이 왕이었다면, 이때부터는 시민이 진정한 나라의 주인이 될 수 있었으니까. 이때 발표된 「인간과 시민의 권리 선언」은 지금까지도 인류사에 뜻깊은 선언으로 기억되고 있어. 인간은 누구나 평등하고 자유롭게 태어난다는 것을 온 세상에 알렸거든. 지금의 눈으로 보면 당연한 이야기지만, 오랫동안 타고난 신분에 따라 제약을 받으며 살아왔던 당시 사람들에겐 결코 당연하지 않았지. 그래서 이 선언이 처음 발표되었을 때 많은 프랑스 시민들은 자유와 평등이라는 혁명 정신에 그야말로 환호했단다.

하지만 혁명이란 많은 것이 뒤집어지고 뒤바뀌는 것이기 때문에 혁명이 시작되면서 프랑스 사회는 극도로 혼란스러워졌어. 혼돈과 열의와 적의가 들끓는 도가니 같았다고 할까? 피와 폭력으로 얼룩진 비극적인 일도 많이 일어났어.

이른바 '9월 학살'이라 불리는 사건은 그중에서도 유독 참혹했던 것으로 기록되어 있어. 혁명이 진행 중이던 1792년에 파리의 감옥에 갇혀 있던 많은 이들이 반혁명 세력으로 간주되어서 며칠 사이에 학살된 사건이야. 이때 감옥에서만 1,000명도 넘는 사람이 희생되었다고 해.[•] 그중에는 정말 반혁명을 꾀한 사람보다 무고한 사람이 훨씬 많았다고 전해져. 사람들의 안전을 위협하는 위험한 자들이라는 풍

• 김장수 『서양 근대사』, 선학사 2004, 182면.

문이 떠돌면서 억울하게 희생된 사람이 많았던 거야. 오해와 두려움이 빚은 비극이었지.

충격적인 일은 끊임없이 일어났어. 이듬해인 1793년에는 국왕이 처형되는 전무후무한 사건이 벌어지게 된단다. 그 이야기를 하려면 먼저 자코뱅파에 대해 설명해야 해.

자코뱅파는 자코뱅 클럽이라는 정치 클럽에서 시작된 모임이야. 자코뱅 클럽은 다양한 정치적 견해를 가진 사람들이 한데 모인 집단으로 프랑스 혁명을 전국적으로 주도해 온 핵심 세력이기도 했어. 혁명의 주역이라고 할 수 있지.

그런데 혁명이 진행되면서 사람들 사이에 다양한 의견이 분출되었고, 자코뱅파도 여러 세력으로 갈라졌어. 가장 대표적인 것이 지롱드파야. 자코뱅파와 지롱드파는 혁명 이후에 어떻게 나라를 이끌 것인가에 대해 서로 의견이 달랐어. 현실을 확 바꿔 보자는 데에는 한마음이었지만 그 방법에 대해서는 생각이 달랐던 거야. 둘 다 왕이 아니라 시민이 나라의 주인인 나라, 즉 공화국을 만들어야 한다는 데에는 의견을 같이했지만, 자코뱅파는 그렇게 하기 위해 급진적인 방식도 좋다는 입장을 내세웠어. 필요하다면 폭력을 쓰는 것도 마다하지 않겠다는 것이었지. 앞서 말한 당통, 마라, 로베스피에르가 모두 이 파에 속해. 반면 지롱드파는 좀 더 온건한 쪽이었어. 아무리 뜻이 좋아도 되도록 폭력을 쓰지 말자는 입장을 지켰지.

두 파의 갈등은 혁명 전까지 프랑스의 왕으로 군림했던 루이 16세의 처우 문제를 둘러싸고 더욱 첨예해졌어. 지롱드파는 국왕을 섣불리 처형하면 다른 나라의 지탄을 받을 수 있으니, 차라리 나라 밖으로 추방하거나 감옥에 가두어 두자고 주장했어. 반면 자코뱅파는 국왕을 중심으로 다시 반혁명 세력이 힘을 모을지도 모르니 반드시 처형해야 한다고 생각했지.

당시 상황을 보면 양쪽의 주장 모두 일리가 있어. 프랑스에 혁명이 일어나 루이 16세의 왕정이 무너졌다는 소문이 들리자, 오스트리아나 프로이센 같은 주변 국가의 왕들은 근심이 이만저만이 아니었어. 혹여 프랑스 혁명의 영향을 받아서 자기 나라 백성들도 들고일어나면 어쩌나 하고 걱정했지. 게다가 루이 16세의 목숨이 위태롭다는 소식마저 들리니 더욱 조마조마해진 거야. 그래서 여차하면 프랑스 혁명군을 진압하기 위해 프랑스로 쳐들어오려고 했어.

한편 프랑스 사회 내부에서는 혁명기의 혼란을 틈타 왕이 권력을 되찾으려 한다는 음모설이 끊임없이 피어오르고 있었어. 자칫 왕을 중심으로 반혁명파가 일어나기라도 하면 혁명이 실패로 돌아가고 마는 거야. 그러니 근거 없는 음모라도 신경이 쓰이지 않을 수 없었어. 그런 점을 생각하면 자코뱅파의 입장도 일리가 있지? 그러니 루이 16세의 처형 문제는 정말 쉽게 결정하기 어려운 일이었어.

보통 사람들의 생각은 어땠을까? 사실 루이 16세와 왕비 마리 앙투아네트는 혁명 이전에도 국민들에게 그다지 많은 사랑을 받지는 못했어. 사랑은커녕 국왕 부부에 대한 원성이 자자했지. 사람들은 왕은 무능하고 왕비는 사치를 일삼는다고 생각했거든. 생활이 궁핍한 국민은 아랑곳하지 않고 베르사유 궁전을 호화롭게 다시 단장하는 데에만 골몰한다고 여겼지. 특히 왕비 앙투아네트는 무분별하게 사치하느라 국가 재정을 많이 낭비한다는 소문이 돌았어.

물론 그게 사람들의 삶을 고달프게 만든 유일하고 결정적인 원인은 아니었어. 베르사유 궁전 공사를 하긴 했지만 사실 그건 루이 14세 때부터 해 오던 것이고, 국가 재정이 열악해진 데에는 아메리카 대륙에서 벌어지는 독립 전쟁을 돕는 등 여러 다른 이유가 있었지. 하지만 먹고살기 힘든 때다 보니 왕족은 사치만 부리면서 백성들의 고통은 나 몰라라 하는 것으로 비쳤고, 생활고가 심해질수록 반감도 함께 커져 갔어.

그럼에도 불구하고 혁명 후 왕을 처형하자는 의견에 선뜻 찬성하기란 쉽지 않았어. 그래도 한때 받들어 모시던 왕이었는데 처형까지 하는 것은 너무 심하다고 느끼는 사람들이 많았던 거야. 물론 그런 인정에 휘둘리지 말고 즉시 처형해야 한다고 강경하게 말하는 사람도 있었지만. 한동안 사람들은 이 문제를 두고 설왕설래를 계속했어.

마침내 1792년 12월, 국민 공회에서 국왕의 처형에 관한 재판을 하게 되었어. 온 사람의 관심이 집중되었겠지? 재판에서는 자코뱅파 사람들의 의견이 살짝 우세했고 국왕을 사형에 처한다는 판결이 내려졌어. 재판 결과에 따라 루이 16세는 궁전 앞 콩코르드 광장에 놓인 단두대에서 처형되었지. 이듬해인 1793년 1월 21일의 일이었어. 그리고 같은 해 10월에 왕비 마리 앙투아네트도 단두대에서 목숨을 잃었단다.

Journée du 21 Janvier 1793.
la mort de Louis Capet sur la Place de la Révolution
Présentée à la Convention Nationale
le 21 Germinal par Helman

1793년 1월 21일, 프랑스의 왕 루이 16세가
단두대에서 처형되는 장면을 묘사한 그림.

국왕 부부 처형 사건은 많은 이에게 큰 충격을 주었는데, 코르데에게도 마찬가지였어. 지롱드파 쪽이었던 코르데는 국왕을 존경하지는 않았지만 처형에는 반대하는 입장이었거든. 혁명은 폭력을 쓰지 않고 이루어야 한다고 굳게 믿었던 데다 폭력은 공화국을 세우는 데에 방해가 된다는 것이 코르데의 생각이었어.

하지만 혁명의 이름으로 사람의 목숨을 빼앗는 일이 연거푸 일어나자 코르데는 깊은 시름에 잠겼어. 이대로 보고만 있을 수는 없다고 생각했지. 코르데가 보기에 9월 학살부터 국왕의 처형까지 여러 나쁜 사건들에 대한 중대한 책임은 지도자인 마라에게 있었어.

자코뱅파의 공포 정치

그럼 마라는 어떤 사람이었을까? 마라는 자코뱅파 중에서도 아주 유명한 인물이었어. 프랑스 혁명이 시작될 때부터 언론인으로 활약해 왔거든. 1789년 혁명이 시작되자 『인민의 벗』이라는 신문을 발간해 국왕은 물론 의회의 주요 인물들을 가차 없이 공격하면서 하층민의 편에 섰어. 빼어난 연설과 명료한 글로 대중에게 많은 공감을 얻었고 자연스럽게 인기도 높아졌지.

국왕의 죽음 이후, 자코뱅파가 국민 공회를 장악하면서 마라의 권력은 더욱 커졌어. 자코뱅파는 사람들의 지지에 힘입어 국민 공회에서 지롱드파를 아예 추방해 버렸어. 로베스피에르를 중심으로 자코뱅파가 권력을 독점했고, 그 뒤 로베스피에르는 더욱 과격한 정치를 펼치기 시작해. 바야흐로 프랑스는 혁명이라는 이름 아래 이른바 '공포 정치'의 시대로 접어든 거야. 반대파를 무자비하게 숙청하는 무시무시한 공포 정치 아래에서 지롱드파는 한순간에 쫓기는 신세가 되어 뿔뿔이 흩어지고 말았어. 일부는 체포되어 처형되었고 일부는 파리를 탈출해야 하는 처지에 놓였지.* 바로 그 시기에 마라는 로베스피에르와 더불어 공포 정치를 펼치는 핵심 인물로 활약했어. 로

● 김후 『불멸의 여인들』, 청아출판사 2009, 166~67면.

베스피에르도 그렇지만 마라도 퍽 과격한 성향이었다고 해.

샤를로트 코르데가 마라를 암살할 결심을 굳힌 것도 바로 이 무렵이야. 코르데는 이런 상황이 절망스러웠어. 자코뱅파의 핵심 인물인 마라는 폭력을 확산시키는 인물로 보였어. 마라를 처치하지 않으면 더 큰 유혈 사태가 일어날 것만 같았지. 자신이 움직이지 않으면 지롱드파 사람들뿐만 아니라, 공포 정치 속에서 살아가는 많은 사람의 목숨이 위태로워질 것 같았어. 그래서 계획을 세워 마라에게 접근한 다음 끝내 암살하기에 이른 거야.

마라가 숨을 거둘 때 코르데는 마라의 마지막 모습을 담담하게 내려다보고 있었다고 전해져. 체포되어 팔이 묶일 때도 그다지 반항하지 않았다고 해. 자신에게 다가올 일을 이미 각오했기 때문이었을 거야.

사건이 발생한 지 나흘째 되던 날인 1793년 7월 17일, 코르데는 스물다섯이라는 꽃다운 나이에 단두대의 이슬로 사라지고 말았어. 의연하게도 공화국을 위해 순교한다는 말을 남기고 말이야.•

코르데의 선택이 과연 옳았는지를 두고 역사가들은 엇갈리는 입장을 내놓았어. 비록 처형되었지만 마라가 했던 정치적 판단과 행동에 대해 재평가가 이루어지면서 어떤 이들은 코르데를 '암살의 천사'라고 칭하기도 했단다.••

그런데 이런 사연을 알고 나서 「마라의 죽음」이라는 그림을 다시

• 전창림 『미술관에 간 화학자』, 어바웃어북 2013, 174면.
•• 쑤잉 『이성의 눈으로 명화와 마주하다』, 윤정로 옮김, 시그마북스 2015, 314면.

보면 한 가지 의문이 들 거야. 마라는 공포 정치에 앞장선 과격한 사람이었는데, 그림에선 아주 기품 있는 사람처럼 그려져 있잖아. 무서운 인상은 간데없고 어딘가 우아한 데다 심지어 숭고한 느낌마저 나지. 화가는 마라가 어떤 사람인지 잘 몰랐던 걸까? 그래서 마라를 그저 아름답게만 그린 걸까? 천만의 말씀! 화가 다비드는 마라를 누구보다도 잘 알고 있었어. 일부러 마라를 더욱 숭고한 모습으로 묘사한 거야.

다비드, 붓을 든 로베스피에르

자크루이 다비드는 보통 화가로만 알려져 있지만, 사실 예술뿐만 아니라 정치에도 깊숙이 관여했던 인물이었어. 자코뱅파의 일원으로서 로베스피에르와 마라를 열렬히 추종하기도 했지. 프랑스 혁명기에는 혁명 정부에서 활동하면서 적잖은 권력도 쥐고 있었어. 그 권력을 휘둘러 혁명 정부에 동참하지 않는 사람들을 단두대에 세우기도 했고, 루이 16세를 처형하는 데에 찬성표를 던지기도 했단다.[*] 과격한 정치가로 악명을 떨쳤던 로베스피에르에 빗대어 '붓을 든 로베스피에르'라고 불리기도 했다니, 이 별명만 보아도 다비드의 성향을 짐작할 수 있지.

다비드는 마라와도 절친한 사이였어. 마라의 사망 소식이 들리자

● 김장수, 앞의 책 171면.

앙투안장 그로가 1790년에 그린
「자크루이 다비드의 초상」.

급히 달려가 피살 현장을 직접 두 눈으로 확인하기도 했단다. 그러
고 나서 바로 마라의 죽음을 그림으로 그리기 시작했어. 단순히 친
구의 죽음을 애도하기 위해서만은 아니었지. 다비드는 그림을 통해
죽은 마라를 영웅으로 '부활'시키고자 했어.

　다 그리는 데에 꼬박 3개월이 걸린 이 그림은 1793년에 의회에 전
시되었지. 그런데 완성작은 실제 암살 현장과 조금 차이가 있었어.
아니, 조금이 아니라 많이 달랐다고 하는 게 맞겠다. 마라의 피부는
피부병 때문에 꽤 지저분했는데 그림에서는 그런 모습을 찾아볼 수
없어. 얼굴도 실제로는 꽤 못생겼었다고 하는데 그림을 보면 '훈남'
에 가깝지? 늘어뜨린 팔도 어딘가 기품 있고 말이야.

　게다가 다비드는 그림에서 사실을 살짝 왜곡하기도 했어. 그림에

서는 죽은 마라의 왼손에 코르데가 준 편지가 쥐어져 있는데 그 내용을 확대해 보면 이렇게 쓰여 있어.

"1793년 7월 13일,

인민의 벗, 마라 님께.

저의 불행으로 인해 당신의 도움을 청합니다."

잉크병과 깃펜 옆 작은 나무 상자 아래에는 "어머니에게 이 돈을 드리세요……"라고 쓴 마라의 편지가 있고 말이야.* 마치 마라가 마지막 순간까지 불행한 처지의 사람들을 도와주려 한 것처럼 그린 거지. 마라의 인간적인 면을 부각하기 위해서였어. 그림을 꼭 사실 그대로 그려야 한다는 법은 없지만, 이쯤 되면 다비드의 의도가 꽤 치밀하고도 노골적이라는 생각이 들지?

마라가 온화하게 그려진 그림이 공개되자 그림을 본 많은 사람은 새삼 깊은 안타까움을 느꼈어. 훌륭한 지도자를 잃었다는 상실감도 느꼈지. 아름다운 그림이 주는 효과는 강렬했어. 자코뱅파가 너무 가혹하다고 여기는 여론을 누그러뜨리는 데에 일조했으니까. 다비드는 명성대로 훌륭한 화가임에 틀림없어. 그리고자 했던 대로 정확히, 멋지게 그려 내는 데에 성공했으니까 말이야.

하지만 이후 역사는 다비드가 바라는 대로 흘러가지 않았어. 사람들은 점차 자코뱅파와 공포 정치에 환멸을 느끼고 하나둘씩 등을 돌리기 시작했지. 자코뱅파 내부에서조차 자성의 목소리가 흘러나왔

---

* 조르조 본산티 외 『유럽 미술의 거장들』, 안혜영 옮김, 마로니에북스 2009, 298면.

고, 마침내 공포 정치의 중심에 있던 로베스피에르가 쫓겨났단다. 수많은 사람의 목숨을 빼앗은 그 단두대 위에서 로베스피에르도 결국 생을 마감해야 했지. 로베스피에르가 죽으면서 공포 정치도 1년 만에 막을 내렸어.

그림 하나에 프랑스 혁명기의 역동적인 역사가 가득 담겨 있지? 욕실 그림으로 이야기를 시작했으니 욕실 그림을 하나 더 소개하면서 이야기를 마칠게.

마라의 죽음을 그린 또 한 명의 화가가 있어. 폴자크에메 보드리라는 화가도 1860년에 같은 소재로 그림을 그렸으니 한번 보렴. 욕실 풍경이 다비드의 그림과 사뭇 다르지? 역사학자들에 따르면 이 욕실의 풍경이 실제 마라의 욕실과 더 비슷하다더구나. 마라의 욕실 벽엔 그림에서처럼 지도가 여럿 붙어 있었다고 해.

그런데 욕실 풍경만 다른 것이 아니라 전체적인 분위기에서 차이가 많이 나. 널브러진 마라의 모습에서는 다비드의 그림에서 보았던 기품을 전혀 느낄 수 없어. 반면 다비드의 그림에서는 보이지 않았던 한 여인이 등장하지. 이 여인이 누군지 금세 눈치챘겠지? 비장한 표정으로 햇살을 받으며 서 있는 이 여성이 바로 코르데야. 암살자라기보다는 마치 영웅처럼 묘사되어 있지. 이 그림의 주인공은 마라가 아니라 코르데 같지? 그림의 제목도 마라가 아니라 '샤를로트 코르데'란다.

다비드의 그림과 비교해 보면 이 사건을 바라보는 두 화가의 시각 차이가 확연하게 느껴져. 아무래도 보드리는 마라보다 코르데를 더

폴자크에메 보드리가 그린 「샤를로트 코르데」.

부각시키고 싶었던 것 같아. 코르데의 입장에 더욱 공감되었던 모양이야.

과연 누가 옳았는지 판단을 내리기는 어렵지만, 혁명을 주도한 정치가 마라와 꽃다운 나이에 비장한 결심을 했던 코르데, 그리고 붓을 들고 정치에 참여한 화가 다비드까지 역사의 격변기를 살다 간 인물들의 삶이 참 스산하구나. 이들의 삶을 알고 나면 세계사에 한 획을 그은 프랑스 혁명이 거저 이루어진 것이 아님을 절감하게 돼.

다비드의 그림을 화두로 삼아 프랑스 혁명 시대의 이야기를 하다 보니 너무 무거운 분위기가 되었구나. 그림 덕분에 프랑스 역사에 흥미를 느꼈더라도 욕조에 들어갈 때만큼은 이 그림을 잊어 주렴. 편안해야 할 목욕 시간에 으스스한 기분이 들지 모르니까 말이야.

방

『자기만의 방』과
여성 참정권의 역사

여고 시절. 처음 프랑스어를 배울 때였어. 프랑스어는 특이하게도 단어마다 성(性)을 구별해 붙이는 언어라는 것을 알게 되었지. 모든 단어를 남성 명사와 여성 명사로 구별해서 쓰는데 집을 뜻하는 단어 '메종'(maison)을 여성 명사로 분류하는 것을 보고 참 재밌다고 생각했어. 그러고 보니 우리나라에서도 아내를 '집사람'이나 '안사람'이라고 표현하잖아. 여성의 삶은 오랫동안 집과 떼려야 뗄 수 없는 관계였기 때문인가 봐. 그렇다 보니 여성의 독립은 곧 집 밖으로 나오는 것으로 표현되기도 해. 어떻게 묘사되는지 문학 작품을 통해 살펴볼까?

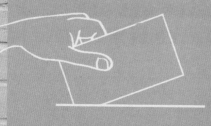

『인형의 집』과 『제인 에어』

노르웨이 작가 헨리크 입센(Henrik Ibsen)이 쓴 희곡 『인형의 집』을 읽어 본 적 있니? 이 작품은 여성의 역사를 말할 때 빠지지 않고 등장해. 사회의 통념에 문제 제기를 해서 여성 해방 운동에 큰 영향을 미쳤거든. 최초의 페미니즘 희곡으로 인정받기도 하지. 그런 여러 평가에 힘입어서 『인형의 집』 육필 원고는 유네스코 세계 기록 유산으로 선정되기도 했어. 그다지 길지 않고 희곡이라는 장르 특성상 대화체로 쓰여 있어서 쉽게 읽히니, 한번 도전해 보렴.

『인형의 집』은 대체 무슨 내용이기에 이렇게 높은 평가를 받는 걸까? 이 작품에는 노라라는 여인이 주인공으로 등장해. 노라는 결혼 전에는 아버지의 사랑스러운 딸로, 결혼 후에는 남편의 '종달새'이자 '다람쥐'로 지냈어. 그러던 어느 날, 노라가 남편의 다른 모습을 발견하는 일이 생겨. 남편이 병이 들었을 때 요양비를 마련하려고 남편 몰래 친정아버지의 서명을 위서해서 돈을 빌린 적이 있었는

19세기 말에 활동한 노르웨이의 세계적인 극작가 헨리크 입센.『인형의 집』은 입센의 대표작 중 하나이다.

데 그 일이 이상하게 꼬이면서 나쁜 사건이 연이어 일어나게 된 거야. 그러자 남편은 노라를 위선자에 거짓말쟁이라고 몰아붙였고, 노라는 그간 자신을 사랑한다고 믿었던 남편이 사실은 자기 명예만 소중히 생각할 뿐, 아내인 자신은 한낱 인형으로밖에 여기지 않았다는 것을 깨닫게 되지. 그리하여 마침내 자기가 살던 집을 박차고 나간단다. 한 사람의 주체적인 인간으로 살기 위해, 자아를 찾기 위해 말이야.

　1879년에 쓰인 이 작품이 덴마크 코펜하겐의 극장에서 처음 선보였을 때, 뜨거운 호평과 함께 그에 못지않은 비난이 동시에 쏟아졌다고 해. 평화롭게 가정을 꾸려 가던 주부가 남편의 이중적인 모습을 확인하고, 자신의 처지에 환멸을 느껴 남편과 세 아이를 두고 가출한다는 내용이 당시로서는 꽤 파격적이었거든. 여론은 벌집을 쑤

셔 놓은 듯했고 파장은 쉬이 사그라들 기미가 아니었어. 특히 결말에서 노라의 가출을 두고 관객들의 반응이 크게 나뉘었대. 노라의 의식 변화에 공감하면서 그 행동에 갈채를 보내는 부류와, "나가 봤자 술집 작부밖에 더 되겠어?" 하며 냉소하는 부류로 말이지. 그런 논란을 거치며 노라는 신여성의 대명사가 되었어.

그런데 한 가지 재미있는 것은 입센이 1867년, 그러니까 『인형의 집』을 발표하기 12년 전에 노라와는 사뭇 다른 여성을 주인공으로 삼은 적이 있다는 거야. 바로 『페르 귄트』라는 극시에서인데, 거기에 등장하는 솔베이라는 여인을 주목해 볼까? 이 작품의 주인공인 페르 귄트라는 남자는 솔베이라는 애인을 버리고 세상의 쾌락을 좇아 모험을 즐기는 몽상가야. 방랑을 거듭하며 파란만장한 인생을 살던 사내는 나이 들어 빈털터리가 되자 그제야 솔베이에게 돌아온단다.

그런데 착한 솔베이는 그때까지도 이 무정한 애인을 기다리고 있었어. 아리따운 아가씨에서 백발이 성성한 할머니가 되도록 말이야. 그리고 페르 귄트는 솔베이의 품에 안겨 숨을 거두지. 이 이야기는 입센이 노르웨이에 옛날부터 전해 오던 민담을 바탕으로 쓴 것이라고 해.

『페르 귄트』를 통해서는 이유 불문하고 사랑을 지키는 순정한 여인을 그렸던 작가가 10여 년 후에는 『인형의 집』을 통해 자아를 찾아 집을 떠나는 여성을 그리다니, 참 놀라운 변화지? 한 작가가 매번 엇비슷한 주인공만 그려야 한다는 법은 없지만 노라와 솔베이의 차이는 정말 극적이야.

입센이 이토록 판이한 여성상을 작품에 등장시키게 된 배경은 무엇일까? 그것을 단지 극작가 개인의 폭넓은 관점이나 창의력 덕분이라고 볼 수만은 없을 것 같아. 어느 시대에나 작가들은 당대 사회의 변화와 흐름을 민감하게 받아들이고 그것을 자기 작품에 녹여 내게 마련이니까. 어쩌면 당대를 휩쓴 변화의 물결이, 작가로 하여금 새로운 여인상을 구상하도록 자극한 것이 아닐까? 그런 시대적 흐름을 잘 보여 주는 작품을 한 편 더 살펴보자.

제인 에어의 파격

『인형의 집』이 초연되기 30년 전쯤인 1847년에 영국에서는 샬럿 브론테(Charlotte Brontë)의 『제인 에어』가 출간되었어. 이 작품도 고전이 되었으니 읽어 보았거나 제목을 들어 본 친구가 많을 거야. 이 소설은 가난한 고아 출신 여성 제인 에어가 가정 교사로 들어간 집에서 집주인인 로체스터 백작을 사랑하게 되면서 겪는 이야기야. 로체스터 백작도 제인에게 호감을 품지만 부유한 귀족 신분인 백작은 가난한 데다 못생기고 보잘것없는 제인을 처음엔 혼인 상대로 생각하지 않아. 하지만 제인은 비록 신분은 낮았지만 지적으로 훈련되어 있었을 뿐 아니라 자존감이 강한 여성이었지.

"내가 자동인형인 줄 알아요? 아무 감정도 없는 기계 말이에요. 제 입에서 빵 조각을 낚아채 가도, 제 잔에 들어 있는 생명수를 쏟아 버려도 참을 수 있다고 생각하세요? 제가 가난하기 때문에 영혼도, 마음도 없다고 생각해요? 잘못 생각하셨어요! 저도 당신만큼 영혼을 가지고 있고, 당신만큼 풍부한 가슴을 지니고 있어요!"*

요즘이라면 '무슨 당연한 말씀을 저리 구구절절하게 할까?' 싶지만 당대에만 해도 이런 대사는 관습이나 인습을 뛰어넘는 말이었단다. 그중에 방점이 찍힐 부분은 아마도 "저도 당신만큼"일 거야. 제인은 이 표현을 통해서 남자와 여자는 같다, 평등하다는 인식을 보여 주고 있어. 여전히 여자는 남자의 소유물이자 재산으로 간주되던 시절이니 정말 파격적인 발언이었지. 자, 그럼 두 사람은 신분 차이를 뛰어넘어 마침내 결혼에 이를 수 있을까? 결말이 궁금한 사람은 직접 책을 읽어 보렴.

• 샬럿 브론테 『제인 에어』 하, 이미선 옮김, 열린책들 2011, 409면.

1848년 무렵 패트릭 브론테가 그린 브론테 자매의 초상화. 영국 출신의 샬럿, 에밀리, 앤 브론테 세 자매는 모두 작가로 활동하며 공동 시집을 출간하기도 했다.

『제인 에어』는 지금 읽어 봐도 신선해. 특히 여주인공이 예쁘지 않다고 처음부터 밝히는 점이 참 흥미로워. 사실 고전이나 동화 속에 나오는 여주인공은 판에 박힌 듯이 예쁘고 아름답게 묘사되는 경우가 많잖아. 백설 공주, 신데렐라, 라푼젤, 잠자는 숲 속의 공주……온통 미녀 천지야. 예외를 찾자면 주근깨 많은 소녀 '빨간 머리 앤' 정도일까?

『제인 에어』는 어느 날 문득 하늘에서 뚝 떨어진 작품이 아니야. 19세기에 영국에서는 교육받은 중산층 여성들을 중심으로, 여성이 처한 현실에 문제의식을 갖고 변화를 꾀하는 사람들이 늘어났어. 영국 빅토리아 여왕 시대의 작가 안나 제임슨은 "여자들을 '장미'가 되라고 교육시킨 후에 북극과 같은 곳에서 살아가도록 버려 놓는 것은 불합리하다."*라고 항의했어. 참 의미심장한 표현이지?『제인 에어』는 그런 시대가 낳은 작품이라고 할 수 있어.

이렇게 여성들의 의식은 나날이 깨어나고 있었지만 사회는 그만큼 빨리 발전하지 못했어. 샬럿 브론테가 살던 시절의 영국이나,『인형의 집』의 배경이 되던 시절의 노르웨이에서나 여전히 여성은 독립적으로 사는 것이 불가능했어. 집안을 잘 꾸려 나가고 아이를 잘 키우는 것이 여성의 최고 미덕이었고, 여성의 지성은 오히려 쓸모없는 것으로 취급받았지. 또 여성 개인이 아무리 뛰어나더라도 자기 능력만으로는 극복할 수 없는 현실이 있었어. 일단 여성들은 결혼하지 않으면 혼자서 살아갈 길이 막막했어. 선택할 수 있는 직업이 없었거든. 당시 여성에게 허용된 직업이라고는 가정교사나 교사 정도가 다였고 그나마도 미혼 여성에 한정되었지. 남편이 아내에게 폭력을 휘둘러도 이혼은 거의 불가능했어. 그러니 "노라가 집을 나가 봐야 술집 작부밖에 더 됐겠느냐?"라는 비아냥거림이 아주 근거 없지는 않았던 거야.

그래서 여성들은 점차 직업 세계에서 여성을 제외하는 것에 항의하기 시작했어. 또 여성을 남성의 재산 일부로 간주하는 것도 비판했지. 여성에게 선거권이 없는 것에 대해서도 끊임없이 문제를 제기했어.** 당시 유럽의 거의 모든 국가에서 선거를 할 수 있는 사람은 법률에 의해 남성으로 제한되어 있었어. 남자만 자신의 대표를 선출

---

* 박석분『역사를 만든 20인』, 새날 2000, 276면.
** 같은 곳.

하거나 혹은 스스로 대표가 될 수 있었지. 여자에게 왜 선거권을 주지 않았느냐고? 여자는 결혼하기 전엔 아버지와 생각이 같고 결혼한 다음엔 남편과 생각이 같을 테니 아버지나 남편을 통해 대신 의사를 표현하면 된다는 게 당대의 생각이었거든.•

어디선가 비슷한 이야기를 들어 본 것 같지? 어려서는 아버지를, 결혼해서는 남편을, 남편이 죽은 후에는 자식을 따르는 것이 여자의 세 가지 도리라던 동양의 삼종지도(三從之道)와 사뭇 비슷해 보이지 않니? 여성의 처지는 서양이라고 별반 다르지 않았던 모양이야. 역사를 보다 보면 정말이지 여성이 '사람대접'을 받은 지가 얼마 되지 않았구나 하고 실감하게 돼. 그만큼 여성에 대한 차별과 억압은 유구한 역사가 있어.

여성 인권을 위해 필요한 것은 많았지만 많은 여성들은 그중에서도 우선 참정권에 주목했어. 여성도 정치에 참여할 수 있는 권리를 얻기 위해 많은 노력을 기울였지. 왜 많은 권리 중 참정권이었을까? 참정권은 선거권과 피선거권, 즉 시민의 대표를 뽑을 권리와 스스로 대표가 될 권리를 말해. 참정권은 정치에 대한 개인의 생각을 표출하는 힘이자 사회를 향해 자기 목소리를 낼 수 있는 힘이지. 이건 민주주의를 위해 반드시 필요한 권리이기도 해. 하지만 이 당연한 권리를 여성들이 얻기까지 그 과정은 정말 쉽지 않았단다. 시간도 정말 오래 걸렸지.

• 같은 곳.

82

여성에게 투표권을

여성의 권리를 주장한 초기의 선각자 중 가장 대표적인 사람은 '페미니즘의 어머니'라고 불리는 영국 사상가 메리 울스턴크래프트 (Mary Wollstonecraft)야. 울스턴크래프트가 태어난 18세기에는 '평등'에 대한 생각이 말 그대로 분출하고 있었어. 특히 계몽사상가라고 불린 학자들은 신분이나 재산에 관계없이 모든 사람은 평등하다는 생각을 발전시키고 있었지. 하지만 이들도 '모든 사람'에 여성을 끼워 주는 데는 인색했어. 교과서에도 등장하는 대표적인 계몽사상가 루소조차 남성을 기쁘게 하고 남성에게 유익한 존재가 되는 것이 여성의 의무라고 했을 정도니까.

울스턴크래프트도 당대의 계몽사상을 깊이 공부했지만 그 한계 또한 인식하고 여성의 권리를 확보하는 데에 앞장섰어. "영혼에는 성별이 없다."라고 강조하면서 말이야. 1792년에 쓴 대표작 『여성의 권리 옹호』에서는 누구보다도 빠르게 여성의 권리를 주장했어. 여성은 남성을 위해 태어난 존재가 아니라, 남성과 똑같이 이성적인 존재라고 확신했지. 울스턴크래프트는 인류의 절반인 여성이 억압에서 해방되고 남성과 평등해져야만 사회가 발전할 수 있다는 논리도 펼쳤어. 그러자면 여성도 남성처럼 교육을 받아서 이성을 계발해야 한다고 주장했지. 여성이 열등한 것처럼 보이는 것은 그렇게 타고나서가 아니라 단지 제대로 된 교육을 받을 기회가 없었기 때문이라고 설명했어. 이런 정도의 주장도 당시에는 과격한 것으로 비쳤나

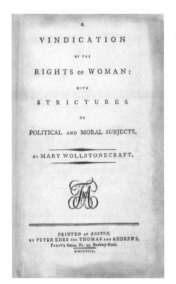
미국에서 출간된 울스턴크래프트의 대표작
『여성의 권리 옹호』표지.

봐. 어떤 사람은 울스턴크래프트에게 '페티코트를 입은 하이에나'
라는 별명을 붙이기도 했어. 페티코트는 여성용 속치마를 말하는 것
인데 그것을 입은 하이에나라니, 당대 사람들이 보내는 비웃음과 반
감이 느껴지지 않니?

　여성의 지성과 권리에 대해 강한 확신과 의지를 내 보임으로써 세
계 최초의 페미니즘 저작이라고 평가받는 이 책이 출간된 이후 변화
의 물결은 시간을 두고 도도하게 번져 나갔어. 이후 많은 여성들은
본격적으로 참정권 확보에 뛰어들었지. 1872년에는 미국에서 수전
앤서니(Susan B. Anthony)라는 여성이 투표권 획득을 위해 행동에 나
섰어. 제18대 미국 대통령 선거가 시작되자 앤서니는 투표를 해야겠
다고 마음먹고 투표장에 나타났어. 미국 여성에게 아직 투표권이 없

미국에서 발행된 1달러 동전.
동전 속 모델이 수전 앤서니이다.

었는데 용감하게 움직인 것이지. 결국 투표를 했다는 '죄'로 경찰에 체포되었고 100달러의 벌금을 선고받았지만 앤서니는 굴하지 않고 미국 전역을 돌며 연설에 나섰어.

앤서니는 연설에서 미국을 만든 것은 '우리 백인 남성'도, '우리 남성'도 아닌 '우리 국민 전체'인데 투표라는 의사 결정 수단을 행사하는 데에서 여성을 배제하는 것은 말이 안 된다는 논리를 펼쳤어. 앤서니는 "여성은 사람입니까?"라고 묻고는 스스로 답했어.

"여성이 사람이라면 미국 국민이고 따라서 어떤 주 정부도 그들의 헌법상 특권과 권리를 침해하는 법을 제정할 수 없습니다."•

여성들의 참정권 투쟁 이야기를 하자면 영국의 에밀리 와일딩 데이비슨(Emilie Wilding Davison)도 빼놓을 수 없어. 데이비슨은 옥스퍼

• 마이클 리프·미첼 콜드웰『세상을 바꾼 법정』, 금태섭 옮김, 궁리 2006, 292면.

드 대학의 졸업 시험에서 최고점을 받을 정도로 똑똑한 여성이었어. 하지만 당시만 해도 옥스퍼드에서는 여자에게 학위를 주지 않았어. 입학은 시켜 놓고 졸업장을 주지 않는다니, 무슨 그런 경우가 다 있나 싶지만 그때는 그런 시절이었어. 하지만 데이비슨은 굴하지 않고 공부를 계속해서 런던 대학에서 학위를 받았지. 데이비슨은 여성 참정권 운동에 뛰어든 뒤 여러 가지 활동을 했는데 그 이름이 세상에 알려진 것은 극적인 죽음을 통해서였어.

1913년 6월 4일, 영국 런던 교외에 있는 엡섬 다운스라는 곳에서 대규모 경마 대회가 열렸을 때야. 이 대회를 '엡섬 더비'라고 하는데, 지금도 매년 6월에 최고의 경주마들이 출전해 자웅을 겨루는 유명한 대회라고 해. 당시 데이비슨은 이 경기를 찾아가 지켜보고 있었어. 결승점을 앞두고 국왕 조지 5세의 말이 코너를 도는 순간, 데이비슨은 갑자기 경마 트랙 안으로 뛰어들었어. 눈 깜짝할 새에 일어난 일이었지. 전력 질주하던 말의 발굽에 차여 머리를 크게 다친 데이비슨은 급히 병원으로 옮겨졌지만 며칠 후 세상을 떠나고 말았지.

데이비슨의 돌발 행동에 대회장에 있던 사람들은 물론 뉴스를 들은 많은 영국 사람들은 깜짝 놀랐어. 그 행동의 이유를 두고 많은 이야기가 오갔지. 데이비슨은 사고 당시 코트 안에 여성 사회 정치 연맹(WSPU)의 기를 두르고 있었고 손에도 깃발을 들고 있었대. 이를 두고 사람들은 데이비슨이 연맹의 깃발을 왕의 말에 달려고 했던 모양이라고 추측했어. 또 데이비슨이 말에 뛰어들면서 "여성에게 투표권을!" 하고 외쳤다고 하는 이들도 있어.

이런저런 방법으로 여성 참정권의 정당성을 울부짖어 보아도 아무런 변화가 없으니 충격적인 이벤트로 세상의 이목을 끌 필요가 있다고 생각했던 것일까? 참정권을 얻을 수만 있다면 목숨을 걸어도 좋다고 결심했던 것일까? 오죽했으면 이런 위험한 선택을 했을까 싶어 안타까운 마음이 들어. 하지만 데이비슨의 희생은 헛되지 않아서 이후 더욱 많은 사람이 참정권 확보 운동에 박차를 가했고, 데이비슨이 들고 있던 존엄의 보라색, 순수의 흰색, 희망의 녹색으로 된 삼색기는 이후 전 세계 여성 운동의 상징이 되었어.[*]

이렇게 여성이 참정권을 얻는 과정이란 참으로 지난한 것이었어. 자기 의견을 드러낼 장치를 마련하기 위해서 참정권이 필요했고 그 권리를 쟁취하기 위해 치열하게 투쟁해야 했지.

전쟁 속 여성의 활약

울스턴크래프트와 앤서니, 데이비슨, 그리고 그들에게 힘을 보탰던 수많은 선각자들의 노력에 힘입어 여성의 권리에 대한 관심은 조금씩 싹트고 뿌리를 내리고 줄기를 뻗어 갔어. 그리고 제1차 세계 대전을 계기로 하나씩 결실을 얻어 냈지. 참정권과 전쟁 사이에 대체 무슨 상관이 있을까 싶지만 아주 결정적인 관계가 있단다. 1차 대전은 여성들이 활발하게 사회로 진출하는 계기가 되었거든.

---

[*] 조효제 「여성의 권리는 모든 인간의 권리」, 『한겨레』, 2013. 7. 23.

전쟁이 발발하자 많은 젊은 남자들이 군인이 되어 전쟁터로 나가는 바람에 일손이 부족해졌어. 그렇다고 공장이며 회사들이 문을 닫고 남자들이 돌아오기만을 기다릴 수는 없었지. 여자들도 눈물만 흘리면서 남편과 아들, 오빠와 연인을 마냥 기다릴 수는 없었고 말이야. 여자들은 남자들이 빠져나간 산업 현장을 메워 나갔어. 전쟁 중이라 전쟁 무기나 배를 만드는 거친 일에 일손이 많이 필요했는데 이런 일에도 여성들이 적극 투입되었지.

기록에 따르면 1차 대전의 끝 무렵인 1918년에는 영국에서만 100만 명에 이르는 여자들이 무기 공장에서 일했다고 해. 식품이나 의복을 만드는 일뿐만 아니라 타이어, 석면, 유리, 낙하산, 고성능 폭약과 포탄 같은 군수품을 만들어 공급하는 일도 여성들이 도맡아 했지. 무기 공장에서 크레인을 운전했던 한 여성은 "우리는 월요일에서 토요일까지 매일 12시간을 일했고, 토요일 저녁 6시부터 일요일 오후 2시까지 18시간을 일해야 했고, 월요일 아침 6시부터는 다시 정상대로 12시간의 근무를 시작했다."라고 기록하기도 했어.● 산업 현장에서 치열하게 일하면서 여자들은 남자들이 하는 일도 얼마든지 할 수 있다는 것을 증명해 낸 셈이야. 1차 대전 이후 더 이상 여성이 남성보다 열등하다거나, 남자와 여자의 일이 따로 있다고 말하기 어려워졌지.

마침내 1918년에는 영국에서 여성들이 참정권을 얻어 냈어. 비록

● 수잔 와이즈 바우어 『세계 역사 이야기』 4, 최수민 옮김, 꼬마이실 2005, 364면.

30세 이상으로 한정되기는 했지만 전쟁 기간 동안 여성들이 일한 노고를 인정받은 셈이랄까? 1928년에는 다시 법을 고쳐서 투표할 수 있는 남성과 여성의 나이가 같아졌지.

　미국에서도 1920년에 여성의 참정권을 인정하게 돼. 수정 헌법 제19조에 따라 미국 여성들의 참정권이 보장받게 되었는데, 이 조항의 이름이 다름 아닌 '앤서니 수정 헌법'이야. 뒤늦게나마 앤서니의 노력을 기리는 뜻에서 그 이름을 딴 거지.

　어렵사리 법을 마련했지만 그 뒤에도 논란은 끊이지 않았어. 여성의 능력에 대해 여전히 반신반의하는 사람들이 많았거든. 그런 의심을 또 한 번 잠재운 것이 바로 제2차 세계 대전이야. 많은 국가가 참전함에 따라 여성들이 다시 한 번 공장과 조선소에서 일하게 되었고 점차 논란도 사그라들었지.

　2차 대전 당시에 미국에서 만들어진 포스터가 하나 있는데 한번 보렴. '리벳공 로지'(Rosie the Riveter)로 알려진 포스터인데 한 여성이 '우리는 할 수 있다.'라며 팔뚝 근육을 자랑하고 있어. 꽤 재미있지? 2차 대전 참전을 위해 1,000만 명이 넘는 남성들이 전장으로 떠나자, 정부에서는 리벳(철판을 연결하는 대형 못) 박는 일처럼 힘든 일을 하는 여성을 모델로 내세워 여성도 일하라고 독려했어. 그러면서 많은 여성들이 공장과 회사로 진출했고 직업을 갖게 되었지. 그 힘을 바탕으로 전후에 여성의 지위가 크게 나아진 거야. 여성도 남성이 해 왔던 거칠고 억센 일을 거뜬히 해낼 수 있다는 것을 증명한 셈이니, 세상도 여성들의 권리를 인정하지 않을 수 없었지.

「리벳공 로지」로 알려진 포스터. 실제로는 웨스팅하우스 전기 공장에서 제작한 근무 의욕 고취 포스터들 중 하나다. 1980년대에 이르러 전쟁 동안 진취적인 여성의 이미지를 보여 주는 선전물로 재조명되었다.

전 세계 여러 나라가 뛰어들어 두 차례에 걸쳐 싸운 세계 대전이 여성의 사회 진출이 활발해지는 기회가 되었고, 그럼으로써 여성의 권리를 확장하는 중요한 계기로 작용했다니 역사에는 정말 다양한 측면이 있어.

2차 대전이 끝나면서 더욱 많은 나라가 여성 참정권을 보장하기 시작했어. 우리나라도 1948년에 제헌 헌법에서 여성과 남성이 동등하게 정치에 참여하는 것을 인정했단다.

유리 천장과 『자기만의 방』

여성의 참정권은 이제 우리에게는 당연한 것이 되었지만 아직 여성과 남성이 완전히 평등해졌다고 말하기는 조금 이른 듯해. 세상에는 아직 여성 참정권이 요원한 나라가 많고 참정권이 있다 해도 그 것은 가장 기본적인 권리일 뿐, 그것만으로 여성에 대한 차별이 모두 없어졌다고 말할 수는 없어. 우리나라 역시 아직 눈에 보이지 않는 차별이 곳곳에 남아 있으니 말이야.

혹시 '유리 천장'이라는 말을 들어 봤니? 여성들이 사회에서 고위직으로 올라가는 것을 막는, 보이지 않는 장벽을 가리키는 말이야. 표현이 참 그럴듯하지? 과거처럼 여성을 대놓고 차별하는 일은 없어졌지만, 교묘한 방식으로 여성의 사회 진출을 막는 유리 천장이 있는 것은 아닌지 돌아볼 필요가 있어.

요즘 우리나라에는 딸을 유독 예뻐하는 '딸 바보' 아빠가 넘쳐나고 각 분야에서 두각을 나타내는 당차고 똑똑한 '알파 걸'이 대세이니 유리 천장 따위는 없을 거라고 생각하는 사람이 있을지도 모르겠다. 하지만 세계 경제 포럼(WEF)이 발표한 '성(性) 격차 보고서'에 따르면 우리나라의 성 평등 수준이 136개국 중 111위에 머무를 만큼 형편없대.• 경제 참여와 기회, 교육, 정치적 영향력, 건강의 4개 분야에서 남녀 간에 얼마나 격차가 벌어졌는지 측정한 것이 성 격차 지수인데, 우리나라는 필리핀과 쿠바보다도 훨씬 뒤처져 있어. 놀랍지 않니? 사회적으로 성공해 이름을 떨치는 여성들이 속속 등장하고 있기는 하지만, 몇몇 여성의 성공에 도취되어 대다수 여성들의 삶을 돌아보지 않은 건 아닌지 생각해 볼 대목이야.

• 양선희 「한국 여성의 지위 이만하면 된 것 아니냐고…」, 『중앙일보』 2013. 10. 31.

영국 작가이자 여성 운동가로
활약했던 버지니아 울프.

책 이야기로 시작했으니, 마지막도 책 이야기로 끝낼게. 소개하고 싶은 책이 하나 있거든. 1925년에 영국의 버지니아 울프(Virginia Woolf)가 쓴 『자기만의 방』이란 작품이야. 강연문에 기초해 쓰인 이 책에서 울프는 주디스 셰익스피어라는 허구의 인물을 가정하면서 이런 상상을 해 본다.

"윌리엄 셰익스피어에게 천재적인 여동생 주디스가 있었다면, 주디스도 역시 셰익스피어 같은 위대한 극작가가 될 수 있었을까?"

울프가 생각한 대답은 '아니다'였어. 아마도 주디스는 남녀 차별적인 사회 안에서 제대로 교육받지 못했을 것이고 그러니 능력을 펼치지도, 인정을 받지도 못했을 것이라고 예측해. 또 부모의 강요로 결혼하더라도 만족하지 못해 결국 집을 나오지만 현실의 벽에 좌절을 느껴 광기에 사로잡히고 파멸했을 것이라고 상상하지. 뛰어난 문학과 지적 모험으로 가득 찬 삶을 살았던 남성 셰익스피어와는 사뭇 다른 인생이 펼쳐지리라는 거야. 다소 극단적인 상상이자 가정이지만, 그런 가정을 통해 울프가 하려는 이야기는 아주 명확해. 울프는 천재적인 여성이 없는 것이 아니라 단지 그 천재성이 드러날 수 있는 사회 여건이 없다는 것을 말하고자 했어.

그러면서 울프는 여성이 소설을 쓰기 위해서는 두 가지가 필요하다고 강조했어. 바로 '자기만의 방'과 '1년에 500파운드의 소득'이었단다. 즉 혼자만의 사유 공간과 경제적 자립이 있어야만 여성이 비로소 온전히 자유로워질 수 있다고 주장한 거야.

이것은 꼭 울프처럼 작가가 되려는 여성에게만 해당되는 말은 아닐 거야. 그만큼 자유로워지고 싶고, 홀로 서길 원하는 모든 여성을 향한 이야기지. 늘 집에 있으면서도 정작 자기만의 방, 혼자만의 공간은 갖지 못했던 많은 여성의 삶을 생각하면 지금도 큰 울림을 주는 이야기야.

'인형의 집'은 벗어나야 하지만 '자기만의 방'은 가져야 한다니 결론이 조금 아이러니하지? 하지만 그 속에 담긴 깊은 뜻은 잘 전해졌을 거라고 생각해.

부엌

샐러드 볼과
인도의 세포이 항쟁

요즘 부엌은 확실히 주목받는 공간이 된 것 같아. 예전에는 부엌이라면 주부들의 외로운 작업 공간이란 인상이 강했는데, 요즘엔 집을 짓거나 리모델링을 할 때 가장 신경 쓰는 공간이 부엌이라고 할 정도로 가정의 중심이 되었지. 요리와 음식을 다룬 텔레비전 프로그램이 많이 생겨나기도 했고. 이런 변화가 참 반가워. 먹을거리를 나누는 것은 살아가는 데 큰 즐거움이자 위안이니 그걸 만드는 부엌은 관심을 받는 것이 마땅해.

멜팅 팟과 샐러드 볼

하루에도 몇 번씩 드나드는 우리 집 부엌에서 오늘은 한 가지 재미난 사실을 발견했어. 집 안의 어떤 공간보다도 부엌이 세계화되었다는 거야! 중국산 대바구니에 체코산 유리잔, 독일제 쌍둥이 칼, 인도에서 온 카레, 이탈리아산 스파게티와 올리브 오일, 노르웨이산 연어 통조림…… 세계 각국에서 온 식기와 조리 도구, 식재료들이 이토록 많다는 게 새삼 놀라웠어. 게다가 한쪽에서는 고추장 단지며 김칫독 같은 우리의 전통 식재료와 도구들도 여전히 제몫을 해내고 있지. 오늘은 시나브로 세계화의 상징과 같은 공간으로 자리 잡은 부엌에 대해 이야기하려고 해.

'멜팅 팟'(Melting Pot)이라는 표현을 들어 본 적 있니? '인종의 용광로'라고 흔히 번역하는데 미국처럼 다양한 인종과 민족, 문화가 한데 어울려 살아가는 사회를 가리키는 말이야. 이런저런 쇠붙이들을 한데 모아 녹이는 용광로에 비유한 것인데, 꽤 그럴듯하지?

요즘엔 멜팅 팟이라는 말 대신 '샐러드 볼'(Salad Bowl)이라는 표현을 더 선호하기도 해. 야채와 과일, 땅콩, 치즈 조각 등 갖은 재료가 한데 섞여 있는 그릇에 비유한 것이지. 멜팅 팟과 비슷하지만 살짝 다른 점이 있어. 샐러드는 각 재료가 특유의 맛과 향을 간직한 채로 어우러져서 새로운 맛과 색을 내는 음식이잖아. 용광로 속의 쇠붙이들은 모두 녹아 버려서 원래의 형체를 알아볼 수 없게 되는데 말이야. 여러 민족과 인종의 문화적 다양성을 존중하면서도 하나의 정체성을 새롭게 만들어 간다는 점을 강조하기 위해서 샐러드 볼이라는 표현이 새로 등장한 거야.

말레이시아 식당에선 닭고기만 나온다?

엄마는 샐러드 볼 사회라고 할 수 있는 말레이시아에 갔다가 그 나라 식당에서 흥미로운 현상을 발견한 적이 있어. 말레이시아는 동남아시아에서도 대표적인 다민족, 다인종 사회야. 원주민이라고 할 수 있는 말레이계 사람들뿐만 아니라, 중국계와 인도 이주민도 많이 살고 있거든. 거기에 인도네시아를 비롯해 이웃 나라에서 온 사람들도 말레이시아에 취직해서 일하고 있단다. 그러다 보니 종교도 이슬람교부터 불교, 힌두교까지 다양하고, 언어도 영어부터 중국어, 인도어, 말레이어 등 다채로운 말이 일상적으로 쓰이고 있어. 말레이시아의 수도 쿠알라룸푸르에 가 보니 거리에서 히잡을 두른 이슬람계 여성들과, 까무잡잡한 피부에 코가 오뚝한 인도계 사람들이 눈에

쿠알라룸푸르에 있는 페트로나스 타워.
벽에 크게 걸린 것은 말레이시아 국기이다.(사진ⓒDcubillas)

많이 띄더구나. 우리와 비슷한 외모의 중국계도 있었고 말이야.

쿠알라룸푸르의 이곳저곳을 여행하던 중에 페트로나스 타워에
가 봤어. 이 타워는 얼마 전까지 세계 최고로 높은 쌍둥이 건물이었
는데, 최근 대만에 그보다 더 높은 건물이 세워지면서 두 번째로 밀
려났지. 최고라는 타이틀은 내려놓았지만 여전히 쿠알라룸푸르의
상징물과도 같은 건물이라서 이 도시를 여행하는 사람들은 꼭 한 번
씩 들른다고 해. 열심히 구경하다가 다리도 아프고 배도 출출해서

이 건물 안에 있는 푸드 코트에 갔어. 여러 음식을 조리하는 부엌이 차례로 들어서 있었는데 테이블 가까운 곳에서 그 조리 과정이 훤히 들여다보이더구나. 두 평 남짓한 작은 가게들이 빽빽이 늘어선 곳에서 도마는 툭탁대고 팬에선 불길이 치솟았어. 그 앞에는 커다란 바닷가재를 비롯해 신기한 식재료가 풍성해서 정말 장관이었지.

그런데 메뉴를 고르다가 이상한 점을 발견했어. 그렇게 넘쳐나는 먹을거리 중에 이상하게도 소고기와 돼지고기 요리가 통 보이지 않는 거야. 고기 요리로는 온통 닭튀김, 닭 꼬치, 닭 바비큐 등등 닭고기를 활용한 음식만 있었지.

알고 보니 말레이시아에서는 푸드 코트처럼 사람들이 너 나 없이 섞여서 식사하는 곳에서는 소고기나 돼지고기 요리를 팔지 않는 것이 일종의 불문율이래. 소고기를 먹으면 소를 신성시하는 힌두교 신자들이 불쾌해질 수 있고, 돼지고기를 먹으면 돼지고기를 불결하게 생각하는 이슬람교 신자들이 불쾌해질 수 있기 때문이야. 여러 민족이 어울려 하나의 나라를 이루고 사는 만큼 서로의 문화를 존중하는 태도가 에티켓으로 자리 잡고 있었어.

그렇다고 소고기나 돼지고기를 전혀 먹지 않는 건 아니야. 먹고 싶은 사람은 각자의 종교와 문화에 맞는 고기를 동네 단골 정육점에서 사다가 자기 집 부엌에서 마음껏 요리해 먹지. 여럿이 모여 먹어야 하는 푸드 코트에서는 자제하고 말이야. 그러다 보니 식당에서는 어느 종교에서도 금기시하지 않는 닭고기만 불티나게 팔린다고 해. "말레이시아 식당에서는 닭만 죽어 나간다."라는 농담도 있다더구

나. 다양한 역사와 문화와 전통을 가진 민족들이 한 나라에 모여 살아가기 위해선 사소한 것에서도 이해와 배려의 마음이 꼭 필요하겠구나 싶었어.

그날 엄마는 결국 닭고기가 들어간 '락사'라는 국수 요리를 먹었어. 가장 말레이시아다운 음식을 추천해 달라고 했더니 락사를 맛보라고 하더구나. 음식을 받고 보니 빨간 국물에 면과 함께 닭고기와 큰 새우가 들어 있어서 중국 식당의 짬뽕이랑 비슷해 보였지. 국물이 빨개서 아주 매워 보였지만 의외로 고소하고 부드러웠어. 말레이시아 요리에 많이 사용하는 코코넛 밀크를 넣어서 그렇대. 독특한 풍미에 그날 식사는 참 흡족했어.

나중에 찾아보니 락사는 논야 음식의 일종이라고 해. 논야는 중국 남자와 결혼한 말레이 여인들을 일컫는 말로, 논야 요리라고 하면 중국 식문화와 말레이 식문화가 적절히 조화된 요리를 가리켜. 두 개의 문화가 만나서 절묘하고도 독특한 요리를 새로 창조해 낸 것이지. 맛이 좋아서 미식가들 사이에서 꽤 주목받는 음식이라고 해. 여행자에게 이 락사를 말레이시아의 대표 음식으로 추천할 정도이니, 말레이시아가 다문화 국가라는 것이 새삼 실감 나더구나.

말레이시아도 다양한 사람과 문화가 처음부터 이렇게 평화롭게 공존할 수 있었던 것은 아니었어. 1957년에 영국에서 독립하고 1963년에 말레이시아라는 나라의 모습을 갖추자마자, 사회의 두 중심 세력이었던 말레이계와 중국계 사이에서 분쟁이 일어났어. 그리하여 두 해 뒤에 결국 싱가포르가 분리해 나가고 말았단다. 그것으로 끝이 아니었어. 1969년에는 큰 폭동이 일어났거든. 중국계와 말레이계 사람들 간의 갈등이 폭발하면서 800명이 넘는 사람들이 죽고 다치는 일이 벌어졌지. 중국계와, 말레이계를 비롯한 다른 민족 간에 빈부 차이가 심한 것이 폭동의 주요 원인이었어. 최근인 2010년까지도 말레이시아는 전체 인구의 30퍼센트에 불과한 중국계가 국부의 80퍼센트를 차지하고 있을 만큼 이 문제는 아직 충분히 해결되지 않은 상태야.*

하지만 여러 번 혼란과 우여곡절을 겪으면서 말레이시아는 법과 문화를 정비해 왔고 이해와 관용에 특별히 신경 썼어. 오늘날 말레이시아가 심각한 인종 갈등이나 문화적 대립 없이 다양함을 누릴 수 있게 된 건 이러한 제도가 사람들의 배려심을 뒷받침한 덕분일 거야.

고기를 금하는 이유

말레이시아 식당에서 보았던, 소고기와 돼지고기에 대한 문화적 금기는 문화의 차이를 설명하는 대표적인 사례로 종종 꼽혀. 힌두교에서는 소고기를, 이슬람교에서는 돼지고기를 금기시하지. 인구의 절대 다수가 이슬람교를 믿는 파키스탄이 1947년에 인도에서 갈라져 나온 데에는 이 음식 문화의 차이도 중요한 원인 중의 하나였다고 해.

• 홍순도 『베이징 특파원 중국 경제를 말하다』, 서교출판사 2010, 292면.

왜 이 맛있는 고기들을 문화권에 따라 먹지 못하게 하는지 생각해 본 적 있니? 마빈 해리스(Marvin Harris)라는 문화 인류학자는 이 문제를 깊이 파고들었어. 그리고 『문화의 수수께끼』라는 책에서 독특한 해석을 통해 그 수수께끼의 비밀을 밝혀 놓았지. 많은 사람이 그저 종교적인 이유일 거라고 생각했지만 해리스는 조금 다른 아이디어를 냈어. 그 사회를 자세히 들여다보면 각 금기에는 다 그럴 만한 이유가 있다는 거야.

예를 들어 이슬람교 신자들이 많은 중동은 물이 귀한 지역이야. 그런데 돼지는 열이 많은 동물이라 기르는 데에 물이 많이 필요해. 게다가 돼지는 사람이 먹는 것을 똑같이 먹기 때문에 돼지고기를 즐기자면 엄청난 물과 식량을 축내야 하지. 해리스는 그런 이유로 중동 지역에서 돼지고기를 금기시하게 되었을 거라고 추측해.

한편 인도에서 수소는 밭을 가는 데에 없어서는 안 되는 동물이었어. 요즘 같으면 트랙터에 비견될 만큼 중요한 역할을 하지. 암소는 그 귀한 수소를 생산해 내는 동물이고. 만약 가뭄이 들어 식량이 부족하다고 해서 소를 잡아먹는다면 어떻게 될까? 가뭄 끝에 다시 비가 오더라도 인도 농부들은 밭을 갈 수단이 없어 다시 굶어 죽을 위기에 처할지 몰라. 암소마저 없다면 수소를 다시 얻을 기회조차 잃게 되지. 그래서 인도에서는 암소를 신성시하면서 소고기를 먹지 않도록 하는 문화가 생겨났다는 것이 해리스의 분석이야.

그럼 그냥 먹지 말라고 하면 될 것을 왜 굳이 종교의 이름으로 금지하느냐고? 해리스는 그것을 이렇게 설명했어.

인도 북부 갠지스 강 연안에 있는 도시
바라나시의 한 시장 안을 자유로이 거닐고 있는 암소.
인도의 힌두교에서는 암소를 신성하게 여겨 왔다.(사진ⓒJorge Royan)

"신성한 상징적 의미와 거룩한 교리를 갖추고 있는 암소 숭배는
인도 농부들이 눈앞의 이익에 현혹되지 않게 해 준다."●

들고 보니 정말 그럴듯하지? 해리스의 연구 결과는 그저 쉽게 받
아들이기 어려운 문화로만 치부했던 각 나라의 음식 문화를 더욱 깊
이 이해할 수 있게 해 주었어. 각 나라마다 기후와 토양의 차이가 있
으니 문화나 풍습은 다양하게 발전하는 것이 바람직하고, 그것을 고
려하지 않고 남의 문화를 함부로 자신의 잣대로 재단해서는 안 된다
는 교훈을 주었지.

● 마빈 해리스『문화의 수수께끼』, 박종렬 옮김, 한길사 2000, 30면.

역사 속에는 이런 교훈을 무시하고 조심성 없는 태도를 보였다가, 커다란 사건이 일어난 적이 많아. 대표적인 것이 바로 인도에서 일어났던 반영(反英) 항쟁인 세포이 항쟁이야.

기름에서 시작된 세포이 항쟁

1857년 5월 10일, 인도 북부의 델리에서 멀지 않은 소도시 메루트에서 인도인 세포이들이 반란을 일으켰어. 세포이들은 그때까지 남아 있던 인도의 마지막 이슬람 제국인 무굴 제국의 황제가 있는 델리로 진격하면서 반영 운동을 벌였지.

세포이가 누구냐고? 세포이는 영국군에 고용된 인도인 용병들을 가리키는 말이야. 정확히 말하면 영국의 동인도 회사에서 고용한 군인들이지. 당시 인도는 영국의 식민지였어. 영국은 무역을 전담하는 동인도 회사를 앞세워서 간접적으로 인도를 지배하고 있었지. 이 동인도 회사들은 자체적으로 군대를 갖추고 있었는데 인도인들 중에서도 용병을 뽑았어. 이 용병을 세포이라고 불렀단다. 페르시아어로 전사를 뜻하는 시파이라는 말에서 유래되었다고 해.[*] 세포이 항쟁이 일어날 무렵, 영국군은 유럽인 4만 명과 인도인 세포이 24만 명으로 구성된 거대한 조직이었어.[**] 세포이의 규모는 어마어마했지. 영국 군대의 처우가 아주 나쁘지는 않아서 상층 계급의 인도인들도 많이

[*] 김정미 『세계사 여자를 만나다』, 아름다운사람들 2011, 70면.
[**] 이옥순 『이옥순 교수와 함께 읽는 인도 현대사』, 창비 2007, 57면.

있었다고 해.

그런데 이 세포이들이 군대의 상사이자 식민 지배국 국민이었던 영국인들에게 반기를 든 거야. 일종의 군사 반란이었지. 세포이 항쟁은 시작하자마자 들불처럼 번져 나가서 전국적인 민중 봉기가 되어 갔어.

이 세포이 항쟁의 발단이 된 것이 바로 인도 문화에 대한 영국인들의 무지였어. 그 사연은 이렇단다. 1853년에 세포이들에게 영국에서 나온 엔필드 머스킷이라는 신형 총이 지급되었어. 총알을 빠르게 장전할 수 있도록 개별 포장된 탄약통을 사용하게 만든 총이었지. 이 총에 장전을 하려면 탄약통을 입으로 뜯어야 했어. 문제는 이 탄약통에 동물성 지방이 입혀져 있었다는 거야. 돼지와 소의 기름이 묻은 탄약통을 입으로 물어뜯어 쓰라고 하니, 이슬람교를 믿는 병사나 힌두교를 믿는 병사는 화가 날 수밖에 없었어. 돼지고기를 금기시하는 이슬람교와 소고기를 금기시하는 힌두교를 모두 무시하는 처사라서, 두 종교의 세포이들이 분노한 거지.

당시 지휘관들은 대부분 영국인이었는데, 인도에서 일하면서도 인도인들의 종교에 대해서는 까막눈이었나 봐. 새로운 총에 대한 거부감을 예상해서 대책을 마련하기는커녕 새 총을 사용하면 편리해서 세포이들이 좋아할 것이라고만 생각했대. 단순하기 이를 데 없는 판단이었지.

결국 1857년에 영국군의 보급창에서 소란이 일었어. 세포이 일부가 새로운 탄약통을 수령하지 않겠다며 거부한 거야. 이미 세포이들

영국에 있던 동인도 회사 본사의 모습.
17세기 이후 영국을 비롯해 유럽 열강은 앞다투어 무역 회사인 동인도 회사를 세웠다.

사이에서는 탄약통에 소와 돼지 기름이 쓰였다는 소문이 파다했거든. 소문은 계속 살을 붙여 나갔고 새 탄약통이 세포이들을 개종하려는 음모라는 말까지 나돌았어. 영국이 자신들의 종교인 기독교를 포교하기 위해 일부러 그런 탄약통을 지급했다는 거였지. 영국군이 정말로 그런 생각이 있었는지 아닌지는 확실하지 않았지만 이미 세포이들의 분노는 걷잡을 수 없이 커졌어.

세포이들은 마침내 들고일어났어. 병기고를 파괴해서 무기를 손에 넣고는 감옥 문을 활짝 열어서 갇혀 있던 동료들을 구해 냈어. 그리고 영국군과 영국인 관리들을 닥치는 대로 공격했지. 해가 진 뒤에는 아예 델리로 향했어. 델리에 도착한 세포이들은 무굴 제국의 명목상의 황제에 불과했던 바하두르 샤 2세를 항쟁의 지도자로 세웠어.

세포이들의 움직임에 다른 인도인들도 하나둘 동참했어. 그때는 영국이 인도에 진출한 지 약 100년쯤 되었을 때였어. 그간 영국의 불합리한 식민 통치에 많은 인도인이 불만을 품고 있었는데 이런 반란이 일어나자 기꺼이 힘을 보탠 거야. 인도의 문화와 종교를 무시하고, 인도인을 차별하고, 불합리한 무역을 강요하는 영국의 행태 때문에 쌓여 왔던 불만이 폭발한 거지. 단순히 군대 안의 반란이었던 사건은 인도 전역의 독립 투쟁으로 확대되었어. 반란이 일어난 지 몇 달 만에 수도 델리를 비롯해 인도 북부의 여러 지방을 반영 세력이 차지했지. 기세는 거칠 것 없이 확산되었어.

인도에 본격적으로 진출한 이후 큰 난관에 부닥치는 일 없이 승승장구해 왔던 영국은 충격을 받았어. 특히 영국에 가장 충성스러운 사람들이라고 생각했던 세포이들이 주축이 되어 반란이 일어났으니 더욱 놀랄 수밖에. 영국은 큰 배신감을 느끼고 거세게 항쟁을 진압하기 시작했어. 무자비하고 무차별적으로 진압하는 바람에 수많은 사람이 죽고 다친 것은 물론 특히 수도 델리는 풍비박산이 났어. 파괴가 얼마나 심각했는지, 갈리브라는 당대의 유명한 시인은 파괴된 도시를 보고 이렇게 읊을 정도였어.

"델리는 지금 어디에 있나요?

그래요, 한때 인도라는 나라에

그런 이름을 가진 도시가 있었더랬지요."•

인도 북부 우타르프라데시 주에 있는 러크나우 지역의 세포이들 모습.
러크나우는 세포이 항쟁의 중심지였다.

　　결국 세포이 항쟁은 시작된 지 약 1년 만에 영국군에 진압되고 말
았어. 천문학적인 비용을 쏟아부으면서 진압한 영국군에 대항하기
엔 역부족이었지. 세포이들이 수는 많았지만 장교들은 대부분 영국
사람이었기 때문에, 항쟁을 지휘할 사람이 없었던 것도 반란이 실패
한 원인으로 꼽히곤 해.

　　비록 실패로 끝났지만 세포이 항쟁은 인도 역사에 큰 의미를 남겼
어. 영국이 지배한 이후, 인도 역사상 최초의 본격적인 항쟁으로써
인도 독립운동의 시작이 된 사건이라고들 평가하지. 이 사건은 이

• 같은 책 35면.

후 인도 독립운동의 뿌리가 되었고, 실제로 그로부터 약 90년 후인 1947년에 인도는 영국에서 완전히 독립하게 돼.

이 사건 이후 영국의 태도도 크게 바뀌었어. 영국은 우선 동인도 회사를 없애고 영국 여왕이 직접 통치하는 것으로 했어. 약탈과 지배로 악명을 떨쳤던 동인도 회사는 그렇게 역사 속으로 사라져 갔지. 또 영국은 인도에서 정책을 시행할 때 형식적으로나마 인도인들의 의견을 조금씩 듣기 시작했어. 인도인들을 대하는 태도가 한층 조심스러워진 거야. 인도인을 영국인으로 만들겠다는 그간의 오만한 계획은 당연히 접었고 말이야.*

인도 역사에 한 획을 그은 세포이 항쟁이 소와 돼지의 기름에서 시작되었다니, 의외의 사실이지? 물론 그것이 항쟁의 유일한 원인은 아니었지만, 문화에 대한 무지나 무시는 큰 사건의 기폭제가 될 수 있다는 것을 일깨워 주는 사례라고 할 수 있어.

비빔밥 사회를 향해

세포이 항쟁을 이야기하고 나니 떠오르는 생각이 하나 있어. 다른 문화를 존중할 줄 아는 미덕은 오늘날 우리에게 더욱 필요한 것이 아닐까 해. 말레이시아와 인도의 사례를 주로 들었지만 사실 우리나라도 어느덧 다민족, 다인종 사회로 접어들었으니까 말이야. 이

* 같은 책 40면.

주 노동자도 많고 외국인과 결혼하는 사람도 나날이 늘고 있어서 학교에서 다문화 가정 친구를 만나는 것이 드문 경험이 아닐 거야. 2015년 외국인 주민 현황을 보면 우리나라에 사는 외국인은 174만 명가량으로 전체 인구의 3.4퍼센트를 차지한다고 해. 이것도 작은 숫자가 아닌데 계속 늘어나고 있는 추세라고 하지.[•]

우리나라는 예로부터 단일 민족이라는 자부심을 가져 왔는데, 자칫 그런 자부심이 다른 문화나 민족에 대한 배타적인 태도로 나타나는 것은 아닌지 돌아볼 필요가 있겠다. 선민의식이나 국수주의는 갈등의 원인이 되곤 하니까 말이야. 게다가 5000년 역사를 이어 오는 동안 우리는 이미 중국계, 몽골계 등 여러 민족의 피가 꽤 섞였단다.

우리에게 '비빔밥의 미덕'이 필요한 시점이야. 뜬금없이 비빔밥이 왜 등장하느냐고? 비빔밥이야말로 다양한 야채와 다진 고기 등이 제각각 맛과 향, 색을 지니면서도 또 어우러져서 새로운 맛을 내는 멋진 음식 아니겠어? 다양한 재료를 한데 모아 쓱쓱 비벼 먹는 감칠맛을 누구보다 잘 아는 우리들이 더불어 사는 데 있어서도 비빔밥의 지혜를 잘 살려 보면 좋겠다 싶어.

멜팅 팟, 샐러드 볼에 이어 비빔밥 사회를 기대해 봐도 될까? 세계 각지에서 온 다양한 문화의 사람들이 우리 대한민국에서 평화롭게 공존하는 것을 가리켜 비빔밥 사회라고 부를 날을 함께 만들어 가자꾸나.

• 남정미 외 「대한민국, 이젠 인구의 3.4%가 외국인」, 『조선일보』, 2015. 8. 28.

다락

안네 프랑크의
은신처와 나치 독일

엄마가 어릴 때 살던 집에는 다락이 있었어. 이웃에 사는 단짝 친구가 놀러 오면 다락에 올라가서 수다를 떨며 놀곤 했지. 거기엔 묵은 잡지며 오래된 털실, 자투리 천 등 온갖 잡동사니들이 가득해서 놀 거리가 무궁무진했거든. 또 남들은 모르는, 우리만의 아지트 같은 비밀스러움이 있어서 더 매력적인 곳이었어. 다락은 그렇게 포근하고 정겨운 장소로 기억 속에 남아 있단다.

은신처의 소녀, 안네

프랜시스 버넷(Frances Burnett)이라는 작가가 쓴 동화 『소공녀』를 읽어 봤니? 영국 기숙 학교에서 공주처럼 지내던 소녀 세라는 인도에서 일하던 아버지가 사업에 실패하고 돌아가셨다는 소식이 들려오면서 곤궁하게 돼. 학교에서도 하루아침에 하녀가 되어 다락방으로 쫓겨 가지. 금 간 벽에, 음습하고 추운 다락방은 세라에게 닥친 가혹한 운명을 여실히 보여 주는 공간이었어.

하지만 세라는 이 다락방에서 그저 우울해하지만은 않아. 빵 부스러기를 얻어먹으러 드나드는 쥐와 친해지기도 하고 학교에서 하녀로 일하는 베키와 우정을 나누기도 하면서 씩씩하게 지내. 그런 세라를 위해 누군가 다락방 벽난로에 따뜻한 불을 피우고, 테이블보 깔린 식탁에 정찬을 차려 두었을 땐 엄마도 세라와 함께 와 하고 감탄했던 기억이 생생하구나.

지금부터 들려줄 다락방 이야기에도 꼭 그렇게 씩씩한 소녀가 등장해. 외롭고 갑갑하고 근심과 걱정이 가득한 시대였지만 그 속에서도 꿋꿋했던 한 소녀의 이야기를 들어 보렴.

네덜란드 암스테르담의 프린센흐라흐트 263번지의 한 건물. 겉으로 보기엔 유럽의 여느 건물과 다를 바 없어. 하지만 이 건물은 일생에 한 번쯤 꼭 가 보아야 할 역사 유적으로 꼽히곤 하는 유명한 곳이야. 이 건물에 아주 슬픈 사연이 담겨 있거든.

이 건물은 2차 대전 당시에 안네 프랑크(Anne Frank) 가족이 숨어 살던 은신처였어.『안네의 일기』로 유명한 그 안네 말이야. 유대인을 보기만 해도 잡아 가두던 나치 정권의 눈을 피해서 안네의 가족은 이 건물에 은신했지.

안네의 가족이 처음부터 네덜란드에서 살았던 것은 아니야. 원래 네덜란드가 아니라 독일에서 살았어. 안네의 아버지 오토 프랑크는 독일에서 사업을 하던 사람이었는데 나치의 유대인 박해가 심해지자 아내와 두 딸 등 가족을 데리고 1933년에 네덜란드의 암스테르담으로 거처를 옮겼어. 하지만 1940년에 나치 독일이 네덜란드까지 점령하고 말지. 안네의 가족은 나치의 눈을 피해서 지낼 은신처를 찾아야 했어. 마침 오토가 근무하던 회사 건물 뒤에 외떨어진 별관이 있었는데 안네의 가족은 그 건물을 은신처로 삼기로 했어. 1942년에 시작한 은신처 생활은 1944년까지 2년 넘게 계속되었지.

은신처인데 왜 이리 크고 창문도 많으냐고? 안네의 가족이 이 큰 건물 전체를 사용했던 건 아니야. 그 안에서도 계단을 통해 올라가게 되어 있는 창고 건물 3층과 4층의 숨겨진 공간과 다락방에 깃들

안네 가족이 몸을 숨겼던 암스테르담의 건물.
현재는 안네를 추모하기 위한 박물관 '안네 프랑크의 집'으로 쓰이고 있다.

'안네 프랑크의 집'에 있는 책장.
안네의 가족이 은신처로 통하는 입구를
감추기 위해 썼던 책장을 복원해 놓았다.
(사진ⓒBungle)

여 살았어. 같은 처지에 놓인 페터네 가족과 함께였어. 입구를 책장으로 가려서 감쪽같이 숨긴 채 전쟁이 끝나기만을 기다리면서 말이야.

은신처 생활은 그야말로 긴장과 스트레스, 결핍의 연속이었어. 나치의 비밀경찰인 게슈타포에 발각되기라도 하면 수용소로 끌려가서 목숨을 잃을지도 모르는 상황이었기 때문에 안네의 가족은 발소리는 물론 숨소리도 제대로 내지 못하고 살아

야 했지.

하루 종일 온 가족이 누구에게도 들키지 않고 살아야 한다면 얼마나 갑갑할지 상상이 가니? 아파트에서는 위층 어린아이가 살짝 뛰기만 해도 금세 인기척이 느껴지는데 말이야. 어른들도 견디기 힘들 정도로 숨 막히는 생활인데, 한창 발랄한 십 대 소녀였던 안네는 어땠을까? 성장기였던 안네는 은신하는 중에 몸이 자랐는데도 생필품을 구하는 것이 여의치 않아서 작고 낡은 옷을 계속 입어야 했어. 식량을 구하는 일도 쉽지 않아서 2주 동안 시금치와 상추, 썩은 냄새 나는 감자 따위로만 저녁을 먹어야 할 때도 있었지. 엄마는 『안네의

일기』에 나오는 이 구절을 볼 때마다 참 마음이 아파.

"자전거를 타고, 춤을 추고, 휘파람을 불고, 거리를 돌아다니며 젊은 날을 즐기고 자신에게 주어진 자유를 만끽하는 것…… 이것이 내가 동경하고 있는 거야."[•]

이런 평범한 즐거움을 누리지 못하는 소녀라니, 정말 안타까워. 하지만 안네는 그런 상황에서도 밝게 지내려고 노력했어. 소년 페터에게 첫사랑의 감정을 느끼고 설레어 하기도 했지. 기자나 작가가 되어 글을 쓰는 것이 꿈이었던 안네는 당시의 생활과 자신의 마음을 일기에 꼼꼼히 기록했는데 그것이 바로 지금은 고전이 된 『안네의 일기』야.

다락방에서 얻은 위안

외출은 꿈도 꿀 수 없었던 안네의 가족은 그간 친분을 쌓은 친구들과 몇몇 지인이 비밀리에 가져다주는 식량에 의존해 살아가야 했어. 아니, 산다기보다 하루하루 버텨 냈다고 하는 것이 맞을 거야.

여러 사람이 한 공간에서 하루 종일 지내다 보면 자기만의 공간이 절실한 법이야. 은신처 사람 중 제일 어린 소녀이다 보니 늘 어른들의 간섭과 잔소리에 둘러싸여 있던 안네는 특히 어른들의 시선에서 자유로운 시간을 갖고 싶어 했지. 그럴 때면 안네는 은신처에 있는

• 안네 프랑크 『안네의 일기』, 이건영 옮김, 문예출판사 2009, 171~72면.

다락방을 찾아갔어. 함께 사는 소년 페터도 마찬가지였지. 비록 쥐가 나오는 더럽고 어둑어둑한 공간이었지만, 그래도 안네와 페터에게 다락은 잠시나마 숨통을 틀 수 있는 공간이었단다. 다락방은 페터가 혼자 올라가 엄혹한 세상에 대해 욕지거리를 퍼붓는 공간이 되기도 하고 안네가 혼자만의 방을 가지고 싶을 때 찾아드는 곳이 되기도 했지. 페터와 안네가 서로의 내밀한 고민을 터놓고 위로의 말을 나눈 곳, 시간이 흐르면서 서로에게 이성의 감정을 느끼게 된 두 사람이 가슴 설레는 첫 키스를 나눈 곳도 다락방이었어.

다락이 없었다면 은신처에서의 삶은 안네에게 훨씬 더 힘겨웠을지도 몰라. 『안네의 일기』를 읽으면서 그나마 다락이 있어 다행이다 싶더구나.

그런데 그런 생활은 오래가지 못했어. 은신처에서 지낸 지 2년가량 지났을 무렵, 안네의 가족과 은신처의 동료들은 나치 경찰에 발각되어 체포되었거든. 안네의 가족은 뿔뿔이 흩어져 강제 수용소로 보내졌어. 그곳에서 불행히도 안네를 포함해 많은 이가 세상을 떠나고 말았어. 안네의 아버지 오토만 유일하게 살아남았지.

1945년에 2차 대전이 끝나고 히틀러와 나치 정권이 몰락한 후, 오토는 옛 은신처를 찾아갔어. 오토의 예전 비서이자 은신할 때 음식을 몰래 가져다주었던 미프 히스라는 여인이 오토에게 비밀리에 간직하고 있던 안네의 일기를 전해 주었지. 어린 나이에 은신처에서 숨죽이며 살다가 끝내 수용소에서 삶을 마감해야 했던 딸의 유품을 받아 든 아버지의 심정은 어떠했을까? 상상하는 것만으로도 가슴이

독일 베를린에 있는
안네 프랑크 센터의 벽에 그려진 안네의 모습.

미어지는구나. 오토는 1947년에 딸의 일기를 출판했고, 그렇게 해서 안네의 안타까운 이야기가 세상에 알려지게 된 거야.

오토는 이후 은신처였던 프린센흐라흐트의 집을 박물관으로 만드는 데에 여생을 바쳤어. 1960년에 문을 연 박물관에는 그때 그 시절 안네의 가족이 견뎌야 했던 참담한 삶의 흔적이 잘 보존되어 있단다.

『안네의 일기』는 오늘날 50여 개 언어로 번역되어 읽힐 만큼 세계적인 베스트셀러가 되었어. 어린 소녀의 소박한 일기는 나치가 얼마나 끔찍한 일을 저질렀는지 그 어느 기록보다도 잘 보여 주었지. 엄마도 이 책을 여러 번 읽어 보았는데, 끝없는 절망 속에서 체포되기 얼마 전까지도 안네가 "인간의 마음이 선량하다는 걸 아직도 믿"*는다고 쓴 부분에선 언제나 눈물이 나더구나. 이토록 선하고 사랑스러운 소녀가 겪어야 했던 비극을 생각하면 그저 애통할 뿐이야.

왜 이런 일이 일어났는지, 안네가 살던 시절 독일의 상황을 한번 살펴볼까?

1차 대전에서 독일이 패배하다

오늘날 독일로 알려진 나라가 하나의 국가로 존재하게 된 건 사실 그다지 오래된 일은 아니야. 19세기 중반까지만 해도 지금의 독일 땅은 프로이센을 비롯해 여러 작은 국가로 나뉘어 있었어. 그러던 것을 철혈 재상이라 불리는 프로이센의 비스마르크가 주축이 되어 1871년에 통일해 독일 제국을 이루었지. 그때서야 비로소 독일이라는 국가가 탄생한 거란다. 건국한 직후부터 독일은 아주 빠르게 성장해 금세 유럽의 강국으로 떠올랐어.

그런데 비스마르크가 충심으로 모셨던 왕 빌헬름 1세가 죽으면서 상황이 달라졌어. 젊은 나이에 권좌에 오른 빌헬름 2세는 영웅심이

• 같은 책 343면.

1914년 7월 12일자 프랑스 신문
『르 프티 주르날』에 실린 그림.
사라예보 사건을 묘사했다.

ASSASSINAT DE L'ARCHIDUC HÉRITIER D'AUTRICHE
ET DE LA DUCHESSE SA FEMME A SARAJEVO

큰, 무모한 인물이었던 모양이야. 비스마르크가 자기보다 돋보인다
고 생각했는지 비스마르크를 정계에서 쫓아내고 권력을 장악했어.
그러고는 유럽을 상대로 호전적인 분위기를 만들어 갔지. 그런 와중
에 오스트리아·헝가리 제국의 황태자였던 프란츠 페르디난트(Franz
Ferdinand)가 세르비아계 청년 프린치프의 총에 맞아 사망하는 사건
이 터지고 말았어. 그 유명한 '사라예보 사건'이 벌어진 거야.

오스트리아·헝가리 제국이 세르비아에 선전 포고를 했고 독일을
포함한 유럽 여러 나라는 두 편으로 나뉘어 4년 넘게 전쟁을 하게 되
었어. 그 전쟁이 바로 전 유럽을 쑥대밭으로 만든 1차 대전이란다.
하지만 전쟁은 독일의 뜻대로 흘러가지 않았고 결국 독일은 이 전쟁

에서 패전국이 되고 말았어.

전쟁이 끝난 뒤, 연합국과 독일은 전후 처리를 위해 프랑스에 있는 베르사유 궁전에 모여 이른바 '베르사유 조약'을 맺었어. 그런데 이 조약은 독일에 아주 가혹했어. 전쟁을 일으킨 책임을 물어서 독일의 지불 능력을 넘어설 정도로 엄청난 배상금을 지불하게 했어. 무려 1,320억 마르크였지. 거기다 앞으로 전쟁을 벌이기 힘들도록 육군 병력을 10만 명 이내로 제한했고, 공군과 잠수함은 아예 보유하지 못하도록 했지. 독일은 징병제도 폐지해야 했어. 혹시 알퐁스 도데의 단편소설 「마지막 수업」을 읽어 본 적 있니? 이 소설의 배경이 된 알자스로렌이란 지역도 이때 프랑스에 다시 빼앗겼단다.

당시 연합국에는 영국과 프랑스, 미국 등이 있었는데 특히 프랑스가 제일 인정사정없이 굴었어. 1차 대전으로 프랑스가 입은 피해가 아주 컸거든. 인명 피해만 보아도 정말 심각했어. 프랑스인 100만 명 이상이 죽고, 400만 명 이상이 부상을 입었거든. 게다가 프랑스는 독일에 묵은 원한도 있었어. 1870년에 프로이센과 프랑스 사이에서 벌어졌던 전쟁 때문이지. 비스마르크가 이끌던 프로이센과 나폴레옹 3세가 이끌던 프랑스가 충돌했는데, 이때 프랑스는 프로이센에 항복하고 말았던 굴욕적인 기억이 있어. 프로이센·프랑스 전쟁에서 승리한 프로이센은 배상금으로 50억 프랑이나 가져갔어. 알자스로렌 지방도 이때 독일이 빼앗아 갔지.

프랑스는 이런 기억이 있었기에 1차 대전이 끝난 뒤 더욱 혹독하게 독일에 배상을 요구했어. '이번엔 우리가 이겼으니 그때 받았던 수모를 그대로 돌려줄 테다. 어디 맛 좀 봐라.' 하고 생각했던 걸까? 하지만 베르사유 조약은 이후 더 큰 화를 불러오고 말았어.

좌절 속에서 등장한 히틀러

비록 전쟁을 일으킨 책임도 있고 패전국이기도 했지만, 독일은 베르사유 조약이 너무 지나치다고 생각했어. 이 조약 때문에 독일은 영토의 13퍼센트나 잃은 데다, 군대 규모가 터무니없이 작아져서 최소한의 방위조차 힘들어졌으니 말이야. 게다가 과도한 배상금은 독일 사람들을 고통스러운 상황으로 몰아갔어.

배상금을 갚느라 독일인들은 하루하루가 힘겨웠어. 분노와 절망 속에서 사는 게 사는 것 같지 않은 나날을 버텨 내야 했지. 배상금을 물기 위해 돈을 많이 발행해 내다 보니 독일 화폐 마르크의 가치가 떨어져서 빵 한 덩이를 사려면 한 수레의 돈이 필요할 지경이 되기도 했어. 아이들은 돈다발을 마치 장난감 블록인 양 쌓으며 놀았지. 장난감보다 돈다발이 훨씬 흔했거든. 희망이라고는 조금도 보이지 않고 물가는 하늘 높은 줄 모르고 치솟아서 괴로울 즈음 한 인물이 등장했단다. 바로 악명 높은 아돌프 히틀러야.

히틀러는 독일 사람들의 마음을 얻으려고 다양한 정책을 펼쳤어. 외교력을 발휘해 뺏긴 땅을 제법 돌려받았고, 군대도 정비하는 한편 아우토반이란 고속도로를 닦는 사업도 벌여서 일자리를 많이 만들었어. 독일인들은 히틀러 덕분에 형편이 나아진다고 느꼈고 차츰 히틀러를 좋은 지도자로 받아들이기 시작했지.

독일 국민들 사이에서 히틀러의 인기가 점점 높아졌어. 훗날에는 독일 사람들도 히틀러가 얼마나 뒤틀리고 위험한 인물인지 알게 됐지만, 이때까지만 해도 히틀러의 속내를 제대로 간파한 사람이 많지 않았어.

게다가 이 세상 최악의 실패자가 된 듯한 좌절과 상실감에 젖어 있던 독일인들에게 히틀러는 "독일 민족이 최고의 인종"이라고 외쳐 댔어. 그런 선동에 힘입어 독일인들은 그간 수그렸던 목도 세워 보고 움츠러들었던 어깨도 다시 으쓱거릴 수 있었지. 하지만 히틀러는 거기서 그치지 않고 유대인들을 박해하기 시작했어.

안타깝게도 당시에 이런 사실을 아는 독일인들은 많지 않았어. 히틀러가 이끄는 나치 정권이 국민들의 눈과 귀를 멀게 했거든. 나치의 선전부장이던 괴벨스는 모든 언론을 장악하고는 히틀러를 찬양하는 방송을 마구 내보내 국민을 속였어. 나치 정권에 해가 되겠다 싶은 사실은 철저히 비밀로 묻어 두고 말이야. 그래서 독일에서 유대인들이 그렇게나 많이 희생되었다는 것을 알기란 어려웠어. 물론 유대인 수용소가 있다는 소식이 들려오긴 했지만 많은 사람이 자세히 알고자 하지 않았고 또 자기들과는 동떨어진 얘기라 느꼈지.

그런 무지와 무관심 속에서 나치는 점점 더 가혹하게 유대인들을 탄압하기 시작했어. 처음에는 이동권이나 소유권을 제한하는 정도였지만 나중에는 아예 유대인을 수용소에 따로 격리하고 강제 노동을 시키는 지경에 이르렀지. 2차 대전 중에는 더욱 잔혹해져서 가스실에서 무고한 사람을 죽이는 등 '홀로코스트'라 불리는 대학살을 저질렀단다.

당대의 독일 사회에 유대인을 탄압하는 데 혈안이 된 나치 당원만 있었던 것은 아니야. 궁지에 몰린 유대인을 돕고 목숨을 구해 준 사람들도 있었단다. 영화 「쉰들러 리스트」를 통해 잘 알려진, 1,000명이 넘는 유대인들을 구한 쉰들러처럼 말이야.

1937년에 찍은 아돌프 히틀러의 모습.

안톤 슈미트라는 착한 군인도 있었어. 독일군 하사였던 슈미트는 위조 서류와 군용 트럭들을 동원해서 유대인들을 구해 주었단다.* 하지만 나치는 어떠한 반항이나 저항도 용납하지 않고 참혹하게 처벌했기 때문에 이런 행동은 유대인은 물론 독일인에게도 결코 쉬운 일이 아니었어. 실제로 슈미트는 나중에 체포되어 처형되고 말았지.

대다수 독일인들이 입을 다문 채 하루하루 생계를 해결하느라 고군분투하는 사이, 수많은 유대인이 수용소로 보내졌고 영양실조를 비롯한 병에 걸리거나 혹은 가스실에 보내져 목숨을 잃어야 했어. 안네 프랑크도 그 속에서 무사할 수 없었던 거야.

• 리처드 J. 번스타인 『한나 아렌트와 유대인 문제』, 김선욱 옮김, 아모르문디 2009, 283면.

아이히만과 파이널 솔루션

'파이널 솔루션'(Final Solution)이라는 말을 들어 본 적 있니? 요즘 너희가 푸는 문제집 이름이랑 비슷하다고? '최종 해결책'이라는 뜻이니 문제집 이름으로도 어울리는구나. 하지만 이 단어에는 원뜻과 다른, 무시무시한 의미가 하나 더 있어. 나치의 '유대인 말살 정책'을 가리키는 말이 바로 파이널 솔루션이야. 히틀러는 아리아인의 우월함을 널리 퍼뜨리고 아리아인이 아닌 유대인을 비롯해 장애인, 성적 소수자, 집시 등을 없애겠다는 말도 안 되는 계획을 세우고 실행에 옮겼어. 나치 독일의 광기에 희생된 유대인이 자그마치 600만 명이라고 하지. 그런데 파이널 솔루션을 얘기할 때면 항상 등장하는 인물이 하나 있어.

바로 아돌프 아이히만(Adolf Eichmann)이라는 독일인이야. 아이히만은 파이널 솔루션에서 유대인을 모으고 수용소로 보내는 일을 체계적이고도 효율적으로 처리한 나치 정권의 핵심 인물이었어. 그래서 전쟁이 끝난 뒤에는 A급 전범으로 수배되었지.

히틀러는 전쟁이 끝나기 직전 베를린의 지하 벙커에서 자살했고, 살아남은 다른 전범들은 체포되어 2차 대전이 끝난 뒤에 열린 뉘른베르크 전범 재판에서 유죄 선고를 받았지만 아이히만만은 예외였어. 아이히만은 재판을 받지 않으려고 교묘히 독일을 빠져나갔거든. 어떻게 그럴 수 있었느냐고? 자기 신분이 드러날 만한 사진이나 기록을 아이히만이 철두철미하게 폐기했던 탓에 경찰들이 그를 추적

하기가 쉽지 않았어. 게다가 당시 유대인들은 이스라엘이라는 나라를 세우고 주변 아랍국들과 크고 작은 전쟁을 치르느라 아이히만을 체포하는 데 집중할 수 없었지.

탈출 후 여러 지역을 전전하던 아이히만은 1958년에 아르헨티나에 정착했어. 나치 정권에 우호적인 사람들의 도움을 받아 자동차 회사에 다니면서 평범한 시민인 양 살았지. 과거의 흔적을 지운 채 아내와 자녀들까지 합류해서 단란한 가정을 꾸린 거야.

그런데 이스라엘이 점차 안정을 찾게 되자, 유대인들 사이에서는 아이히만을 어서 체포해야 한다는 여론이 높아지기 시작했어. 운 좋게 도망친 아르헨티나에서 소시민으로 살던 아이히만은 결국 모사드라는 이스라엘 첩보 기관에 체포되었지. 이스라엘은 아이히만을 가능한 생포하려고 애썼는데, 공개 석상에서 재판을 열어 나치의 유대인 학살에 관해 좀 더 정확한 기록을 얻고 각지에 숨어 있는 나치 전범들에게 경고를 보내기 위해서였어. 생포된 아이히만은 1961년에 이스라엘의 예루살렘에 있는 법정에 세워졌어.

악마의 얼굴을 보다

어릴 때 만화를 보면 엄마는 한눈에 누가 착한 주인공이고 누가 악당인지 알 수 있었어. 악당은 대개 눈매가 매섭고 얼굴에 긴 흉터가 있거나 입가에 교활한 웃음을 흘리곤 했으니까. 악인이라고 해서 꼭 험상궂게 생기란 법은 없는데도 우리는 늘 그런 모습으로 악인을 상상해 왔던 것 같아.

아이히만의 재판을 방청하러 온 사람들도 아마 비슷하게 생각했을 거야. 그래서 아이히만의 실제 모습이 더욱 궁금했겠지. 세상에서 가장 나쁜 사람은 대체 어떻게 생겼을까 하고 말이야. 그런데 재판정에 선 아이히만의 외모는 사람들의 예상을 빗나갔어. 평균치의 키에 마른 체격, 살짝 벗어진 대머리에 큼직한 검정 뿔테 안경까지 아이히만은 정말 평범했던 거야. 어느 회사의 사무원이나 연구원이라고 해도 전혀 이상하지 않은 모습이었지.

재판정에서 아이히만은 유대인 박해에 대한 죄를 묻는 이들에게 자신은 단지 상사의 명령에 따랐을 뿐이라는 변명을 반복해. 공무원이 될 때 충성 서약을 했고 조직의 위계질서에 따라 지시받은 업무에 충실했을 뿐이라고 말이야. 수많은 사람을 죽인 것에 대해 양심의 가책을 느끼느냐는 질문에도 생사와 상관없이 행정 절차의 작은 역할을 했을 뿐이라고 하지. 단 한 사람도 내 손으로 죽이지 않았고 죽이라고 명령을 내리지도 않았다, 각자 맡은 부서의 일을 행했을 뿐이다, 나는 효율적으로 유대인들을 보냈고 열차를 움직인 부서와 가스실을 가동한 부서는 따로 있었다……. 이런 식으로 어이없는 변론을 하기도 했어. 변론에 따르자면 아이히만은 법을 어기지 않았을 뿐 아니라 상부의 명령에 따라 근면 성실하게 일한 공무원이 되는 셈이야.

아이히만은 악마로 타고난 사람도 아니었고 사고력이나 판단력에 문제가 있는 사람도 아니었어. 단지 자기 '직업'에 충실하려 애썼

1961년에 예루살렘에서 진행된 아이히만의 재판 풍경. 혹시 모를 사고를 대비해 아이히만이 앉은 피고석에 방탄유리를 설치했다.

던 사람이었지. 좋은 시절에 살았더라면 성실하다는 평판을 받으며 살았을지도 몰라. 하지만 위험한 시대의 소용돌이에 휘말리면서도 그저 위에서 시키는 대로만 일하다가 역사에 길이 남을 죄를 저지르게 된 거야.

자신이 행한 일에 대해 막중한 책임감을 느끼지 못한 채 변론을 하는 아이히만을 보면서 '악의 평범성'이라는 개념을 떠올린 학자가 있어. 한나 아렌트(Hannah Arendt)라는 유대인 정치 철학자야. 1961년 예루살렘에서 아이히만이 공개 재판을 받게 된다는 소식이 전해지자, 당시 뉴욕에 살던 아렌트는 잡지 『뉴요커』에 연락해서 재판을 취재하고 보고서를 쓰겠다고 자청했어. 그 제안이 받아들여져서 아렌트는 특파원 자격으로 아이히만의 전범 재판을 참관할 수 있었어.

재판 과정을 보고 난 뒤 아렌트는 이렇게 기고했어.

"아이히만은 악하지도, 유대인을 증오하지도 않았다. 단지 히틀러에 대한 맹목적인 충성에서 관료적 의무를 기계적으로 충실히 수행했을 뿐이다. 가정에서도 그는 아이들을 끔찍하게 돌보는 가장이었다."*

나치는 남달리 사악하거나 특별한 악마성을 타고난 예외적인 존재가 아니라 그저 평범한 사람들에 불과하다는 것을 이야기한 거야. 그러면서 동시에 아이히만의 잘못을 짚어 주었어. 근면성 자체는 죄가 아니지만 생각하지 않은 것, 자신이 무슨 일을 하고 있는지 깨닫지 못한 것이 바로 죄라고 말이야.

아렌트의 말처럼 아이히만의 변론을 보다 보면 사람의 탈을 쓰고 어떻게 저런 말을 할 수 있을까 하는 생각이 절로 들어. 마치 자신이 사람이 아니라 로봇이라고 고백하는 것 같아. 주어진 명령과 규칙대로만 움직인다면 사람은 기계와 다를 바 없잖아. 인간이 사는 세상에는 예기치 않은 일이 얼마든지 일어나는 법이야. 법규나 규칙도 틀릴 수 있고 상관의 명령도 인간의 양심에 비추어 옳지 않을 때가 있게 마련인데 아무 생각 없이 매뉴얼대로만, 지시받은 대로만 일하는 것이 과연 올바를까?

인간에게 악을 저지를 위험이 닥쳤을 때 그것을 멈출 방법이 하나

---

* 김윤태 『교양인을 위한 세계사』, 책과함께 2007, 171면.

있어. 바로 '생각하는 것'이지. 무엇에 대한 생각이냐고? 자신과 타인에 대한 생각, 어느 것이 옳은 일인가, 세상에 진정으로 유익한 일은 무엇인가 등등에 대한 생각이지.

아이히만이 자신이 하는 일에 대해 더 깊이 생각했더라면, 아이히만과 함께 나치 독일을 이끈 사람들이 인간과 세상에 대해 더 깊이 생각했더라면, 꿈 많던 사춘기 소녀 안네 프랑크가 미처 피어나지도 못한 채 무참히 목숨을 잃지는 않았을 거야.

너무 무거운 이야기였니? 그래도 이것만은 꼭 당부하고 싶어. 살다 보면 스스로 판단하고 선택해야 할 순간을 많이 맞이하게 될 거야. 가끔은 마음속에서 악마가 속삭이는 소리를 듣게 될지도 모르지. 그때 악마의 유혹을 이겨 내려면, 그래서 치명적인 결과를 낳지 않으려면 평소에 올바른 판단을 내릴 수 있는 생각의 힘을 길러야 해. 무엇을 중요시하며 살아야 할지 함께 생각해 보자꾸나.

발코니

콘스탄티누스 대제와
로마의 기독교 공인

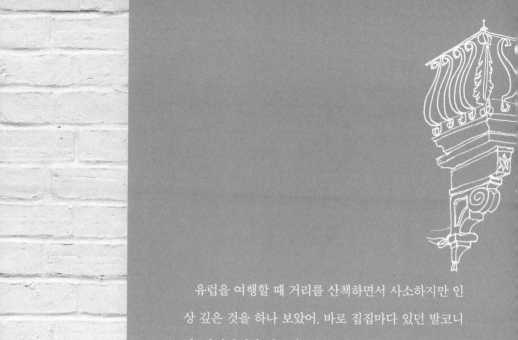

유럽을 여행할 때 거리를 산책하면서 사소하지만 인
상 깊은 것을 하나 보았어. 바로 집집마다 있던 발코니
야. 아기자기한 발코니들은 도시 풍경을 참 정겹게 만
들어 주더구나. 추운 겨울을 나야 하는 우리는 베란다
에 유리를 달아 바람을 막지만 유럽의 발코니들은 밖에
그대로 드러나 있어서 참 보기 좋았어. 모양도 각양각
색인 데다 색색의 꽃으로 어찌나 잘 꾸며 놓았던지 발
코니를 구경하는 것만으로도 즐거웠던 기억이 생생해.

✝

우리는 교황을 얻었노라

서양에서 발코니는 문화적으로나 역사적으로 꽤 중요하게 쓰이곤 했어. 셰익스피어의 유명한 희곡 『로미오와 줄리엣』에도 발코니가 극적인 장면에 등장하는데 혹시 읽어 보았니? 달빛 비치는 발코니 창에서 줄리엣이 독백을 하자, 이를 몰래 듣고 있던 로미오가 발코니 아래로 모습을 드러내면서 서로의 사랑을 확인하지. 발코니를 사이에 두고 두 남녀가 사랑의 대화를 나누는 모습은 이 희곡에서 가장 아름다운 장면으로 꼽혀.

발코니는 건물 외벽에 설치되기 때문에 정치인들이 대중과 소통하는 장소로도 즐겨 사용했어. 높다란 발코니에 서서 광장이나 대로, 공원을 가득 메운 군중을 향해 손을 흔들며 연설하거나 중대한 발표를 하는 정치인들의 모습은 요즘도 자주 볼 수 있지.

영국의 수상이었던 윈스턴 처칠이 2차 대전의 승리를 기념해 대중의 환호에 화답한 곳도 발코니였고, 아르헨티나의 영부인 에바 페

프랭크 딕시가 1884년에 그린 「로미오와 줄리엣」.
두 주인공이 발코니에서 사랑을 확인하는 장면을 묘사했다.

론이 대통령인 남편 후안 페론을 돕기 위해 숱한 대중 연설을 한 곳도 대통령 관저의 발코니였지. 남아프리카 공화국의 흑인 지도자 넬슨 만델라가 27년간의 수감 생활을 마치고 나와 맨 처음 국민들에게 인사하고 연설을 한 곳도 역시 시청의 발코니였단다.

안과 밖을 잇는 절묘한 공간이기 때문일까? 이처럼 발코니는 역사적인 순간의 배경으로 자주 등장하곤 해.

2013년 3월에는 전 세계의 시선이 바티칸 시국에 있는 한 발코니로 쏠렸어. 각국의 방송국 카메라들이 매일같이 바티칸 시국에 자리한 산피에트로 대성당의 발코니를 비추며 새로운 소식이 들려오기를 기다렸지. 며칠을 기다린 끝에 나이 지긋한 추기경이 발코니로 나와서는 산피에트로 광장에 모여든 신자와 여행자, 기자들을 향해 이렇게 외쳤어.

"하베무스 파팜(Habemus Papam)."

'우리는 교황을 얻었노라.'라는 뜻의 라틴어야. 새로운 교황이 선출되었음을 세상에 알린 것이지.

그해에 교황 베네딕토 16세가 건강상의 이유로 사임했기 때문에 교황청에서는 '콘클라베'를 열어야 했어. 가톨릭교회의 최고 성직자인 교황을 선출하는 비밀회의를 콘클라베라고 부른단다. 교회의 또 다른 고위 성직자인 추기경들이 모여서 교황을 선출하는데, 2013년에는 전 세계에서 약 120명의 추기경이 바티칸에 있는 시스티나 성당에 모여서 투표를 했다고 해. 콘클라베는 비밀 선거로 진행하는 데다 콘클라베에 참여한 추기경들은 그 기간만큼은 외부와 접축을 일절 하지 않는대. 어떻게 진행되는지, 어떤 분위기인지 정확히 알 수 없다 보니 콘클라베가 열리는 동안 전 세계 가톨릭 신자들의 궁금증은 이루 말할 수 없이 커졌지.

이때는 가톨릭 신자가 아닌 사람들도 과연 누가 새로운 교황이 될지 궁금해했단다. 전 세계의 언론이 바티칸 시국에 모여서 콘클라베를 취재하는 모습은 교황과 기독교의 세계적인 영향력을 실감하게 했지.

재미난 건 시스티나 성당의 굴뚝이야. 아마 콘클라베 때만큼 사람들이 성당 굴뚝을 유심히 살펴본 적도 없을 거야. 교황 투표는 선거인단 중 3분의 2 이상이 한 후보자를 지지해야 비로소 끝나기 때문에 보통 의견이 모일 때까지 며칠에 걸쳐 여러 번 투표가 이루어져. 그래서 성당에서는 선출 결정이 나지 않았을 때는 굴뚝에 검은 연기를 피워 올리고, 새 교황이 선출되면 종을 울리며 흰 연기를 피워 올려 표시한단다. 이런 고전적인 전통 때문에 한동안 많은 사람이 굴뚝만 바라보아야 했지.

오랜 기다림 끝에 마침내 3월 13일, 추기경 중 한 명이 산피에트로 대성당의 발코니로 나와 새 교황의 선출을 알렸어. 아르헨티나 출신의 프란치스코 교황이 새로 선출되었는데, 역사상 최초의 남미 출신 교황이라고 해서 한동안 떠들썩했던 기억이 아직도 생생하구나.

교황이 수장으로 있는 로마 가톨릭교는 기독교에 속해. 우리나라에서는 흔히 신교를 기독교라 부르는데, 엄밀하게 말하자면 예수 그리스도를 중심으로 하는 종교를 통틀어 기독교라고 할 수 있어. 그리고 기독교는 불교, 이슬람교와 함께 세계 3대 종교의 하나로 오늘

2013년 3월, 프란치스코 교황이 선출된 후 산피에트로 대성당의 발코니 풍경.(사진ⓒTenan)

날 전 세계에 많은 신자가 있지. 기독교는 고대 로마 제국 때부터 큰 종교로 발전하기 시작해서 유럽의 역사에 지대한 영향을 미쳤어. 유럽 사람들의 사고방식이나 생활 문화는 물론 철학과 예술 등 다양한 분야의 배경에 기독교가 자리하고 있지.

그런데 기독교가 처음부터 이렇게 유럽 사람들의 환영을 받은 것은 아니었단다. 아주 오래전 기독교가 처음 등장했을 때 로마의 권력자들은 기독교를 달가워하지 않았어. 기독교를 믿은 사람들은 오랫동안 엄청난 박해를 받아야 했지. 새 교황에 대한 기대와 환호로

발코니

가득한 산피에트로 대성당의 발코니 풍경을 기억하면서, 기독교가 조금씩 퍼져 나가던 고대 로마 속으로 들어가 보자.

네로 황제의 기독교 박해

팔레스타인 지방에서 발흥한 기독교가 크게 성장한 것은 고대 로마에 전파되면서부터였어. 로마에 전해진 기독교는 제국 전체로 서서히 퍼져 나갔고 나중에는 로마의 국교가 되면서 세계 종교로 나아가는 발판을 마련하게 되었지. 지중해 세계를 지배한 거대한 제국의 국교였으니 유럽 곳곳에서 많은 신자가 생겨날 수 있었던 거야.

하지만 기독교가 로마에 전파되었을 때 로마 황제들은 이 신흥 종교를 반기지 않았어. 특히 지금까지도 폭군으로 악명을 떨치고 있는 네로 황제는 기독교를 박해하는 데 앞장섰어. 그 때문에 오늘날에도 많은 기독교인들이 네로 황제를 미워한단다.

기록에 따르면 네로 황제의 기독교 박해는 64년에 시작되었다고 해. 그해에 로마에 큰불이 났던 것이 계기였어. 하필 기름 창고가 있는 곳에서 불이 난 데다, 당시 로마의 집들은 화재에 아주 취약했다고 해. 불은 로마 시내 전체로 크게 번졌고 시가지 대부분이 불타고 말았대. 아흐레 동안이나 계속된 불 때문에 많은 시민이 죽거나 다쳤고 재산 손실도 막대했지. 민심은 크게 동요했단다.

화재 사건이 일어날 당시 로마를 다스리던 사람은 네로 황제였어. 네로는 당시에도 명망이 높지 않아서 로마 사람들은 황제가 혹시 일

허버트 로버트가 1785년에 그린 「로마 대화재」.
64년에 있었던 로마의 대화재 사건을 묘사했다.

부러 불을 낸 것은 아닌지 의심했다는구나. 로마에 자기 마음에 드
는 도시를 새로 짓기 위해서 말이야. 화재의 정확한 원인은 밝혀지
지 않았으니 정말 네로가 그랬는지는 알 수 없지만, 학자들은 네로
가 저지른 일은 아니라는 쪽에 무게를 두고 있어. 당시 화재로 네로
도 많은 것을 잃은 데다 화재를 진압하기 위해 휴가도 마다하고 동
분서주했다는 기록이 있거든.

하지만 로마의 민심은 흉흉했어. 네로가 불을 냈다는 유언비어가
마치 기정사실인 양 떠돌았지. 네로는 곤란한 상황을 벗어나려고 애

헨리크 시에미라즈키가 1876년에 그린 「네로의 횃불」.
네로 황제가 화재 사건 이후 기독교 신자들을 박해하는 모습을 표현했다.

꽃은 기독교인들을 끌어들였어. 불을 낸 것은 기독교인들이라며 누
명을 씌운 거야. 그러면서 수많은 기독교인들을 처형했지. 그렇게
시작된 기독교 박해는 네로 황제가 죽은 후에도 계속되었어. 200여
년 후인 디오클레티아누스 황제 때 최고조에 달했는데, 기도를 드리
기 위한 집회는 당연히 금지되었고 교회 건물은 파괴되기 일쑤였대.
성서는 불태워졌고 기독교 신자라는 것이 밝혀진 사람은 관직에서
추방되기까지 했다지.

　로마는 왜 그렇게 기독교를 박해했던 걸까? 로마는 이방의 문화나
종교에 관대한 나라였고 그 덕분에 제국으로 발돋움할 수 있었는데
말이야. 게다가 그리스 로마 신화를 보면 알 수 있듯 로마는 다신교
사회였어. 그런데도 로마 황제들이 유독 기독교에 인색했던 건 기독

교가 황제의 기득권을 인정하지 않았기 때문이라는 의견이 많아. 기독교에서는 황제가 아닌 하느님을 믿고, 또 하느님 앞에 만인이 모두 평등하다고 해. 또 하느님이 유일한 신이라고 믿어. 그러니 스스로 지상 최고라고 생각하는 황제들에게 기독교가 탐탁지 않았던 거야. 황제들은 여러 이유로 기독교가 로마 제국의 번영에 방해된다고 여기기도 했어. 그래서 기독교가 널리 퍼지는 것을 막고자 했지.

하지만 박해가 극심해질수록 신앙을 지키려는 기독교인들의 의지도 점차 강해졌어. 그런 의지는 카타콤을 보면 잘 알 수 있단다. 카타콤은 고대 로마에 있던 지하 공동묘지야. 교황과 많은 기독교인이 사후에 묻히던 곳이지. 고대 로마 제국이 조성한 아피아 가도를 비롯해 곳곳에 카타콤의 흔적이 있단다.

그런데 무덤이라니, 머리카락이 쭈뼛 서는 것 같지? 지나가기만 해도 등이 서늘해지는 이곳이 초창기 기독교인들에게는 중요한 곳이었어. 박해를 받을 때마다 은신처로 사용했거든. 어떤 카타콤에는 예배실도 있는데 학자들은 당시 사람들이 성인과 순교자를 위해 이곳에서 기도를 올렸을 거라고 추측하고 있단다.

어둡고 축축한 무덤에 몸을 숨겨야 할 만큼 열악한 상황이었지만 기독교는 나날이 세가 확장되었어. 3세기경에는 하층민뿐 아니라 로마의 지배층 내부에도 수많은 기독교 신자가 생겼고, 4세기경에는 하나의 거대한 사회 조직이 되었지.•

• 손영호 『테마로 읽는 세계사 산책』, 학지사 2008, 83면.

기독교가 그렇게 성장을 거듭할 무렵, 로마 제국은 반대로 점차 세력이 약해지기 시작했어. 전성기였던 오현제 시대 이후의 로마를 잠깐 살펴볼까?

로마 제국의 위기

팍스 로마나(Pax Romana)라는 말을 들어 보았니? '로마의 평화'라는 뜻인데, 로마가 오랫동안 평화를 누렸던 시기를 일컫는 말이야. 주로 기원전 1세기 말 아우구스투스 시대부터 이른바 오현제 시대까지 200여 년 동안을 가리키지. 오현제 시대란 하드리아누스, 아우렐리우스 등 다섯 명의 현명한 황제가 로마를 다스렸던 시기를 뜻해. 이때가 흔히 로마 제국의 최전성기로 꼽힌단다. 경제도 발전하고 도시들도 모두 번영을 구가해서 사람들이 태평성대를 누렸지. 하지만 오현제의 마지막 황제였던 아우렐리우스가 죽은 뒤 제국은 기울기 시작했어.

오현제 시대 이후 로마에는 이른바 '군인 황제 시대'가 도래했어. 말 그대로 군인들이 권좌를 노리고 혈투를 벌이는 시대였지. 군인들은 마음대로 황제를 폐위시키거나 암살하기도 했단다. 235년에서 284년까지 약 50년간 각지의 군대가 내세운 20명이 넘는 황제들이 등장했다가 사라졌어. 한 군인이 쿠데타를 일으켜 황제가 되면 또 다른 군인이 다시 쿠데타를 일으켜 권력을 빼앗는 일이 반복되었던 것이지. 황제로 등극하고도 얼마 다스리지 못하고 물러나니, 사회가 얼마나 혼란스러웠을지 짐작이 가지? 게다가 군인들이 나라를 지키기보다 권력 다툼에만 혈안이 되다 보니 국경 방어가 소홀해질 수밖에 없었어. 로마 변방에서는 유럽 북부에서 온 게르만족이 도시를 약탈하고 있었는데도 말이야.

안팎으로 어수선한 탓에 경제도 타격을 입었어. 황제들은 그 와중에도 군대를 유지하기 위해 세금을 올리고 물품도 거두어 갔지. 사는 것이 팍팍해진 사람들은 차라리 게르만 침략자들이 로마 제국의 관료들보다 낫다고 생각할 정도였어.

이때는 로마 인구도 급격히 줄었다고 해. 전쟁과 기아, 전염병 등이 복합적으로 작용한 결과였지. 인구가 줄어드니 세금도 줄어들고 군인은 더욱 부족해지면서 로마 제국은 갈수록 약해져만 갔어.

경제 활동을 상당 부분 노예에 의존했던 것도 세월이 흐르며 문제가 되었어. 원래 로마에는 훌륭한 기술자와 건축가가 많았는데, 제국이 더욱 번성하면서 이들이 하던 일이 노예에게 넘어갔어. 시키는 대로만 하는 노예들이 일을 도맡아 하는 상황에서는 기술 발전을 기대하기 어려웠지.

이처럼 힘겹던 시기인 3세기 말에 즉위한 디오클레티아누스 황제는 제국의 쇠퇴를 막으려고 안간힘을 썼어. 하지만 로마가 워낙 거대하다 보니 다스리기가 힘들었지. 한쪽에 외적이 침입해 군인들이 나서면, 다른 쪽 국경선이 뚫리곤 했으니까 말이야. 그래서 디오클레티아누스는 제국을 분할해 다른 군주와 나누어 국경선을 방위하는 편이 낫겠다고 생각했어. 로마는 동서로 나뉘었고 두 명의 황제와 두 명의 부제가 다스리게 되었어. 이른바 사두 정치 체제였지. 이 체제는 혼란한 로마 사회를 일시적으로는 안정시키는 데에 기여했어. 그러나 곧 패권을 두고 황제들끼리 다투게 되었어. 콘스탄티누스 대제는 바로 그런 시기에 등장했어.

콘스탄티누스 대제의 꿈

콘스탄티누스 대제는 로마 역사에서 빼놓을 수 없는 인물이야. 여러 업적을 이뤘기 때문인데, 그중 두 가지가 대표적이야. 하나는 밀라노 칙령을 통해 기독교를 공인한 것이고, 또 하나는 수도를 동로마인 비잔티움으로 옮겨서 새로운 로마의 중심지로 만든 것이야. 비잔티움은 후에 콘스탄티누스 대제의 이름을 따서 콘스탄티노플로 바뀌고 크게 번성하게 되지. 이때 수도를 옮김으로써 이후 동로마와 서로마는 서로 다른 역사를 쓰게 된단다. 그것이 훗날 기독교가 로마 가톨릭과 그리스 정교회로 나뉘는 배경이 되기도 했지.

여기서는 기독교 공인이라는 업적을 더 깊이 살펴볼까? 콘스탄티누스 대제가 기독교를 인정하게 된 배경에 대해서는 재미있는 일화가 하나 전해져. 콘스탄티누스 대제가 로마의 패권을 놓고 다른 황제들과 전쟁을 벌이던 무렵의 일이야. 교회사가인 에우세비오스의 기록에 의하면 콘스탄티누스가 정적인 막센티우스와 밀비우스 다리에서 전투를 앞두고 있던 312년 10월 27일 정오 무렵, 콘스탄티누스 앞에 태양 너머로 빛나는 문양이 나타났대. 그리고 그 옆에 그리

밀비우스 다리 전투에서 막센티우스에게 승리하는 콘스탄티누스를 묘사한 태피스트리.
화가 루벤스가 1622년경에 도안한 작품이다.

스어로 이렇게 쓰여 있었다지.

"이것과 더불어 네가 승리하리라."

그리고 그날 밤 콘스탄티누스의 꿈에 예수가 나타나서 말씀하시길 낮에 보았던 문양을 그대로 쓰라고 했다는 거야. 전투 당일 아침, 콘스탄티누스는 모든 군인의 방패에 그 문양을 그려 넣도록 하고 전투에 임했어. 그리고 정말로 전투에 승리했다고 해.

콘스탄티누스 대제는 이 전투를 치른 지 한 해 뒤인 313년에 리키니우스와 함께 밀라노 칙령을 반포해 기독교를 공인하게 돼. 정확히 말하면 이 칙령은 로마 제국이 모든 이에게 종교의 자유를 허하며 종교에 대해 중립적인 입장을 취한다는 내용이었지만, 사실상 기

콘스탄티누스 대제와 막센티우스의 역사적인 전투가 벌어졌던 밀비우스 다리.
현재 이탈리아 로마에서 가장 오래된 다리로 꼽힌다.

(사진 ⓒLivioandronico2013)

독교를 인정한다는 발표와 다름없었지. 콘스탄티누스 대제가 기독교를 더 이상 박해하지 않겠다는 것을 약속함으로써 비로소 기독교의 성직자와 신도들은 감옥에 갈 걱정 없이 예배를 드릴 수 있게 되었어.

또 밀비우스 다리 전투 때의 종교적 경험을 통해 원래 미트라교를 믿었던 콘스탄티누스 대제는 기독교로 개종했고 로마 제국 최초의 기독교인 황제가 되었다고 전해져.

과연 이 꿈 일화는 사실일까? 그대로 믿기는 조금 어렵지만 기독교의 역사에 워낙 혁혁한 공을 세운 인물이니 신비한 체험을 했다고 해도 어쩐지 그럼직해. 하지만 콘스탄티누스 대제가 기독교를 인정하게 된 배경에는 이것 말고 다른 이유가 더 있단다.

많은 학자들은 현실적인 판단을 했을 거라고 추측해. 콘스탄티누스 대제 때는 이미 기독교의 세력이 크게 늘어났던 터라 무작정 탄압하는 데에 한계가 있었어. 콘스탄티누스는 기독교를 적대시하는 것은 더 이상 가능하지 않고, 제국의 발전을 위해서도 좋지 않다고 생각했을지 몰라. 탄압하는 것보다는 종교의 자유를 주고 기독교인들이 제국에 기여하도록 하는 것이 제국의 발전을 위해 훨씬 나은 조치였지.

게다가 당시엔 이민족의 침입이 잦았기 때문에 로마에는 많은 병사가 필요했고, 그 군대를 유지하는 데에 많은 비용이 들었어. 그 인력과 비용이 다 어디서 나오겠니? 이미 걷잡을 수 없이 늘어난 기독교인들에게 제대로 종교의 자유를 허용해 민심을 얻고 세금도 걷는

게 여러모로 이득이었을 거야.

한편 콘스탄티누스 대제가 어머니의 영향을 많이 받았을 거라고 추측하는 학자들도 있어. 대제의 어머니 헬레나는 초기 기독교의 성인으로 받들어질 정도로 독실한 기독교인이었거든. 헬레나가 예루살렘으로 성지 순례를 갔다가 예수가 매달렸던 십자가를 발견했다는 일화가 널리 알려져 있기도 해. 지금도 산피에트로 대성당 내에 헬레나의 석상과 관이 보존되어 있단다. 콘스탄티누스 대제가 기독교로 개종한 데에는 이런 어머니의 영향이 없지 않았을 거야.

밀라노 칙령이 내려지고 얼마 지나지 않아 기독교는 또 한 번 큰 전기를 맞이하게 돼. 4세기 말인 테오도시우스 1세 때 로마 제국의 국교로 선포되기에 이른 거야. 그토록 가혹한 박해를 당하다 합법적으로 인정받고 다시 로마의 공식 국교로 거듭나다니, 초기 기독교의 역사는 참 파란만장하지?

거대한 제국의 국교가 되면서 기독교는 유럽의 보편적인 종교로 크게 발전하게 된단다. 시간이 흐르면서 여러 갈래로 나뉘게 되는데 11세기경에 로마 가톨릭교, 그리스 정교회로 분화하고 중세 이후 종교 개혁을 거치면서 다시 신교인 프로테스탄트도 생겨나게 되지. 그러면서 기독교는 계속해서 세계사에 큰 영향을 미치게 돼.

지난 2014년 여름에 프란치스코 교황이 우리나라를 방문한 적이 있는데 기억나니? 방한을 맞아서 프란치스코 교황에 관한 이야기가 여럿 전해졌는데 그중 감동적인 내용이 많았어.

프란치스코 교황은 "어떻게 홀로 죽은 나이 든 노숙인은 기사가 되지 않고 주가 지수가 2포인트 내려간 건 기사가 되는가?" 하는 이야기로 현대 사회의 인간 소외 현상에 우려를 표했다고 해. 또 전 세계의 저명한 정치인과 경제인, 언론인들이 모여 경제를 논하는 다보스 포럼에 피터 턱슨 추기경을 보내 "부로 인간을 지배하지 말고 부가 인간에게 봉사할 수 있도록 해 달라."라는 메시지를 대독시키기도 했다지.*

교황은 우리나라에 머무는 동안 최대한 허례허식 없이 생활하면서 가난하고 상처 입은 사람들을 세심하게 돌아보았어. 이런 모습이 퍽 감동적이었기에 이때만큼은 기독교인이 아닌 사람들도 교황의 행보를 주의 깊게 바라보고 교황의 말에 귀를 기울였단다.

나눔으로써 풍성해지고, 버리면서 얻고, 낮추면서 높아지는 역설의 미학을 온몸으로 실천하는 종교 지도자들과, 그들을 본받아 마음과 자세를 가다듬는 사람들이 더욱 많아졌으면 좋겠다. 그러면 세상이 조금 더 따뜻해질 테니 말이야.

---

* 고정애 「교황 "부로 지배 말고 봉사를" 세계 1%에 호소」, 『중앙일보』, 2014. 1. 23.

지하실

꾸찌 터널과
베트남 전쟁

지하실은 아마 집 안에서 가장 으스스한 곳일 거야. 빛이 들어오지 않으니 어두컴컴하고 습기가 많아 눅눅한데 서늘한 기운도 감돌아 지레 몸이 움츠러들곤 하지. 그래서인지 지하실은 공포 영화나 추리 소설의 배경으로 곧잘 등장하곤 해. 지하실이라고 예쁘게 꾸미지 말라는 법도 없건만, 공포 영화에 등장하는 지하실은 꼭 곳곳에 거미줄이 있고 곰팡이도 더러 피어 있는 데다 비라도 오면 새어 든 물로 바닥이 질척거리는 공간으로 그려지지. 하지만 세상에 그런 지하실만 있는 것은 아니란다.

꾸찌 터널을 만든 이유

엄마는 지하실이라고 하면 러시아 작가 도스토옙스키의 소설 『지하 생활자의 수기』가 떠올라. 도스토옙스키라면 『죄와 벌』, 『카라마조프 가의 형제들』 같은 대작들이 더욱 유명하지만, 이 짧은 소설도 꽤 감명 깊었어. 인간과 삶에 대해 더 많이 생각해 볼 수 있었거든. 이 소설에는 초라한 지하실에서 외롭고 무기력하게 살아가면서 강한 자의식만 남아 세상을 적대시하는 인물이 주인공으로 등장해. 그 주인공이 읊조리는 독백은 지하실이라는 공간의 분위기와 겹쳐져서 더욱 무거운 느낌으로 다가오더구나.

하지만 오늘 들려줄 지하실 이야기는 이 작품 속의 지하실과는 분위기가 사뭇 다르단다. 지하 특유의 어둡고 음습한 느낌은 사라지기 어렵지만 이 지하실은 홀로 있는 외딴 공간이 아니야. 오히려 수많은 사람이 모여 서로 의지하며 암흑 같은 시간을 버텨 내던 공간이었지. 바로 베트남에 있는 꾸찌 터널이야.

베트남 남부 호찌민 시에서 북서쪽으로 수십 킬로미터 떨어진 곳에 꾸찌라는 마을이 있어. 거기서 조금 더 들어가면 울창한 밀림이 나오는데 그 밀림에는 사람들이 파 놓은 유명한 땅굴이 있단다.

땅굴이라고 해서 두더지가 파는 작은 구멍 정도를 상상하면 오산이야. 이 땅굴은 길이가 무려 250킬로미터에 이르거든. 마을의 이름을 따 꾸찌 터널이라 불리는 그 땅굴은 사방으로 구불구불하게 뻗어 있어. 깊이도 약 9미터인 데다, 지하 3층 규모에 각 층을 잇는 통로도 따로 있으니 이 정도면 거대한 요새라고 해도 과언이 아니야.

게다가 누군가 터널로 들어가려 해도 입구부터 찾기 쉽지 않을 거야. 온통 울창한 나무로 뒤덮인 밀림 한가운데에 있는 데다 안 그래도 작은 입구를 흙과 나뭇잎 등으로 교묘히 가려 놓았거든. 그야말로 철두철미한 땅굴이지.

베트남 사람들은 왜 이렇게 거대한 지하 터널을 조성한 걸까? 멀쩡한 땅 위 도시를 놓아두고 이렇게 밀림 속 깊은 곳에 땅굴을 팠을 때엔 그만큼 절박한 이유가 있었겠지? 꾸찌 땅굴은 베트남의 아픈 현대사와 밀접하게 연관되어 있어. 베트남 사회에 결정적인 상흔을 남긴, 두 차례의 큰 전쟁을 치르면서 만들어졌거든.

꾸찌 터널이 처음 만들어진 것은 제1차 인도차이나 전쟁 때였어. 인도차이나라는 말이 좀 생소하지? 지금은 잘 쓰이지 않는데 베트남, 라오스, 캄보디아를 합쳐서 부르는 말이야. 정확히는 프랑스령 인도차이나를 가리키는 말이지. 애초에는 베트남만 해당했지만 1893년에 이르러서는 이웃하고 있는 캄보디아와 라오스까지 포함

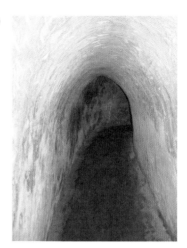

꾸찌 터널의 내부 모습.(사진 ⓒ Jorge Láscar)

하게 되었어. 이중 베트남이 2차 대전 이후 프랑스와 전쟁을 벌이게 되었는데 이를 제1차 인도차이나 전쟁이라고 불러.

프랑스는 19세기 중반부터 100년 가까이 베트남을 식민 지배해 왔어. 2차 대전 전에 잠시 일본에 밀려났지만 전쟁이 끝나자 다시 베트남에서 실력을 행사하려고 들어왔지. 하지만 이때는 베트남도 독립을 강력히 원할 때여서 프랑스의 간섭을 순순히 허락하지 않았어. 결국 베트남과 프랑스는 8년 동안 전쟁을 치르게 되었지.

1946년 12월에 발발한 전쟁은 1954년에야 끝났고 종전을 기점으로 베트남에서 프랑스의 식민 지배는 완전히 막을 내리게 돼. 아시아에서 유일하게 무력으로 식민 지배를 끝낸 나라가 바로 베트남이

● 최병욱 『베트남 근현대사』, 창비 2009, 76면.

라고 하니* 이 전쟁은 베트남 사람들에게 꽤 의미 깊은 것이었지. 그 전쟁의 와중에 베트남 사람들이 프랑스에 맞서 게릴라전을 벌이면서 만든 것이 바로 꾸찌 땅굴이야. 이때는 땅굴의 길이가 48킬로미터 정도였다고 해. 베트남군의 비밀 요새였던 셈이야.

프랑스가 물러간 후 베트남은 미국과 또 한 번 큰 전쟁을 치르게 돼. 제2차 인도차이나 전쟁이라고도 불리는 베트남 전쟁 동안 꾸찌 땅굴은 더 길게 조성되었어. 1967년까지 약 200킬로미터를 더 파서 현재의 모습이 되었지. 베트남 전쟁 때는 우리나라에서도 많은 젊은이가 베트남으로 파병되어서 이 전쟁은 나이 지긋한 어른들에게 그다지 낯설지 않단다. 기록에 따르면 우리나라에서는 1964년부터 1973년까지 약 32만 명을 보냈다고 해.**

미국은 왜 베트남 전쟁에 나섰을까

프랑스는 오랫동안 베트남을 지배했던 터라 베트남 독립 과정에서 한바탕 전쟁을 치르게 된 것이라고 설명할 수 있어. 하지만 미국과 베트남은 어쩌다 전쟁을 벌이게 된 것일까? 미국은 베트남에서 엄청나게 멀리 떨어져 있는 데다 그 전까지는 프랑스처럼 베트남과 엮일 일도 거의 없었는데 말이야.

베트남 전쟁에 미국이 나서게 된 건 당시의 국제 정세와 관련이

• 같은 책 152면.
•• 송정남 『베트남 탐구』, 한국외국어대학교 지식출판원 2015, 217면.

있어. 베트남 전쟁은 처음에는 일종의 내전이었어. 베트남 전쟁이 일어나기 전, 제1차 인도차이나 전쟁의 결과로 베트남은 위도 17도를 경계로 남과 북으로 나뉘어 있었어. 강대국의 입김에 따라 북쪽에는 소련이 지원하는 사회주의 공산 정권이 들어섰고, 남쪽에는 미국이 지원하는 자본주의 민주 정권이 들어섰지. 북베트남에는 '호아저씨'라는 친근한 별명으로 유명한 혁명가 호찌민이 이끄는 베트남 민주 공화국이, 남베트남에는 응오딘지엠이라는 대통령이 이끄는 베트남 공화국이 세워진 거야. 강대국의 간섭 때문에 남과 북으로 분단되었다는 점은 우리나라와 비슷하지?

베트남 전쟁은 1950년대에 남베트남에서 게릴라 활동을 하던 사람들이 북베트남의 지원을 등에 업고 1960년에 남베트남 민족 해방 전선이라는 조직을 결성하면서 본격화되었어. 이 조직이 베트남을 통일하기 위해 움직이기 시작한 거야. 남베트남 민족 해방 전선을 줄여서 베트콩이라고 부르기도 하는데, 베트남 공산주의자를 뜻하는 말이야. 어른들에게 한 번쯤 들어 본 적 있지?

베트콩들은 정규 군대가 아니라 남베트남 민족 해방 전선이라는 새로운 조직의 군대로 일종의 게릴라군이었어. 공산주의자가 주축인 게릴라군이 베트남 통일을 주장하면서 남쪽의 베트남 공화국과 싸웠는데 그 모습을 지켜보던 미국이 베트남 전체가 공산주의 국가가 될 것을 염려해 끼어든 거야. 그로 인해 베트남의 상황은 복잡해지게 되었어.

미국이 남의 나라 전쟁에 발을 들인 것은 이른바 도미노 이론을 앞세우면서였어. 도미노라는 게임을 해 본 적 있니? 네모난 조각들을 적당한 간격을 두고 죽 세운 다음, 맨 끝에 있는 조각을 톡 건드리면 차례로 모든 조각이 와르르 무너지고 마는 게임. 미국은 일단 베트남이 공산 국가가 되면 마치 도미노처럼 베트남 근처의 국가들이 차례로 공산 국가가 될지도 모른다고 우려했어. 만약 베트콩이 전쟁에서 이긴다면 베트남 전체가 공산주의 국가가 될 테고, 그러면 베트남 근처에 있는 라오스와 캄보디아 같은 나라도 공산 국가가 될 가능성이 높다고 판단한 거야. 미국은 나아가 태국과 필리핀까지 잃을지 모른다고 생각했어. 그러니 베트콩들의 움직임을 가만히 앉아서 보고만 있을 수는 없다고 결정하기에 이르렀지.

미국은 베트남 북부 통킹 만에서 미국 배가 공격당했다는 것을 구실로 삼아 베트남 전쟁에 개입했어. 자유와 평화를 수호하기 위해서라는 명분도 있었지. 사실상 내전이었던 베트남 전쟁을 두고 우리가 베트남과 미국이 싸운 전쟁으로 기억하는 것도 이 때문이란다. 미국이 워낙 적극적으로 나섰거든. 엄밀히 말하면 미국은 베트콩과 싸우는 남베트남을 지원한 거라고 할 수 있어.

동남아시아의 작은 나라에서 프랑스와 미국이라는 큰 나라와 두 번이나 전쟁이 벌어지다니, 참 곤혹스러운 상황이지? 놀라운 사실은 두 차례 전쟁에서 두 강대국이 패했거나 철수했다는 거야. 베트남은 전쟁 무기도 변변치 않았을 텐데 어떻게 그런 일이 가능했을까? 실제로 전력 차이는 어마어마했는데, 제1차 인도차이나 전쟁 때 프랑스는 최첨단 비행기로 무기와 포탄을 실어 날랐던 반면, 베트남

은 운송 수단이라고는 등짐과 자전거밖에 없었다고 해.[•] 그런 상황
에서 전쟁에 승리했으니 정말 놀라운 일이지. 여기서는 베트남 전쟁
을 좀 더 살펴보기로 하자.

베트콩의 은신처

　지금도 그렇지만 미국은 베트남 전쟁 당시 세계 최강국이었어. 그
런 만큼 많은 사람들은 전쟁이 쉽게 끝나리라 예측했어. 일단 미국
이 관여하기 시작한 이상 '가난한 국가의 농부 군대'가 패배하는 것
은 시간문제라고 말할 정도였지. 미국도 그렇게 생각해서 나선 것이
고 말이야. 하지만 실제로 미군이 베트남에 도착해 보니 사정은 그
리 만만하지 않았어.

　미군이 세계 최고의 전투력을 갖고 있기는 했지만, 장갑차나 전차를
앞세운 전투력은 정작 베트남에서 별로 쓸모가 없었어. 베트남엔 숲이
우거진 밀림이 많아서 그런 중장비가 들어가지 못했거든. 결국 보병들
이 직접 싸워야 했는데 밀림 속에서 펼치는 게릴라전은 미군으로서도
생소한 것이었어. 밀림이란 처음 간 사람들은 좀처럼 적응하기 어려
운 곳이야. 툭하면 폭우가 쏟아지고 무더위가 기승을 부리는 데다 온
갖 낯선 곤충과 벌레들이 사납게 물어 대지, 땅바닥은 온통 질척거려
걷기조차 쉽지 않지…… 이런 난감한 환경에서 싸워야 하니 제아무리

• 최병욱, 앞의 책 152~53면.

최첨단 무기로 무장한 미군이라도 쉽지 않았어.

그런데 미군이 보기에 베트콩들은 신출귀몰한 존재들이었어. 어디선가 갑자기 나타나 총을 쏘았고 반격하려고 보면 홀연히 사라져 버렸지. 베트콩들은 밀림의 환경과 지리를 잘 알고 있었기에 지형을 이용해서 싸우는 것이 가능했던 거야.

게다가 베트콩들에겐 비장의 무기, 꾸찌 터널이 있었어. 지하에 만들어 놓은 터널이 워낙 규모가 큰 데다 치밀한 구조로 되어 있어서 전장을 오가는 데에 큰 도움이 되었지. 꾸찌 정글에는 터널로 통하는 비밀 입구가 수백 곳이나 있었어. 적군은 모르고 베트콩만 아는 이 통로를 통해서 기민하게 움직였던 거야.

좁고 작은 터널을 통과해 안으로 들어가면 마치 개미집처럼 곳곳에 식당, 회의실, 침실, 우물 등등 전쟁 수행에 필요한 것이 가득 있었어. 어떤 통로는 사이공 강까지 연결되어 있어서 강바닥을 통해 외부로 나올 수도 있었대. 나중에 밝혀진 사실이지만, 베트콩들은 전쟁 당시 미군 사령부가 있었던 자리의 아래까지 파고 들어가서는 미군의 작전을 도청하기도 했대. 정말 대단한 터널이지?

터널 입구는 흙과 낙엽 등으로 워낙 위장을 잘해 놓아서 미군이 찾기가 쉽지 않았어. 어쩌다 발견한다 해도 함부로 그 안으로 들어갈 수는 없었을 거야. 입구가 워낙 좁고 길이 구불구불해서 통과하려면 몸집이 작은 베트남 사람들도 온몸을 구부린 채 기다시피 해야 했거든. 덩치가 큰 미군들은 들어가는 것조차 어림없었지. 체격이 왜소한 병사라 하더라도 함부로 발을 들일 수는 없었어. 그 안에서

베트남 전쟁에 참가한 오스트레일리아 출신 병사가
작전 수행 중에 발견한 꾸찌 터널 입구를 바라보고 있다.

무슨 일이 벌어지고 있는지 알 수 없으니 베트콩이 함정을 파고 기
다리기라도 한다면 독 안에 든 쥐 꼴이 되고 마니까. 베트콩들은 중
요 연결 지점에 아예 위장 통로를 만들어 두어서 미군을 더욱 혼란
에 빠트렸어.

밀림이라는 자연환경 속에서 비밀 터널을 자유자재로 이용하는
베트콩들의 게릴라전은 도무지 당해 낼 수가 없었지. 전쟁은 미국의
뜻대로 풀리지 않았어. 미군의 베트콩 소탕 작전은 번번이 허사로
돌아가곤 했단다.

꾸찌 터널을 근거로 한 게릴라전에 넌덜머리가 난 미군은 아예 초
토화 작전에 돌입했어. 공중에서 폭격을 하거나 약품을 대량으로 살
포한 거야. 식물들을 죽여서 게릴라전을 못하게 하고 베트콩들의 군
량 보급을 차단하겠다는 전략이었지. 특히 비행기에서 여러 독한 화

베트남 전쟁 중 고엽제를 살포하고 있는 미군 비행기 모습.

학 약품을 무차별적으로 뿌렸는데, 그중 대표적인 것이 이른바 '에이전트 오렌지'라고 불린 고엽제였어. 다이옥신이라는 독성이 강한 성분을 포함한 약품이었지.

문제는 고엽제가 나무만 파괴한 것이 아니었다는 거야. 인간에게도 치명적이었어. 고엽제 때문에 수많은 사람이 목숨을 잃은 것은 물론, 살아남은 사람들마저 오랫동안 이어지는 후유증에 시달려야 했단다. 고엽제는 인체에 들어가면 잘 분해되지도 않아서 한번 고엽제에 노출되면 20~30년 후까지 고통받아야 했어. 암을 비롯해 이런저런 병에 걸린 사람도 부지기수였지. 기형아가 출산되기도 하고 말이야. 우리나라에서 파병 갔던 군인 중에도 고엽제 때문에 지금까지 힘겨워하는 분들이 있단다. 정말 안타까운 일이지.

미군은 화학 약품과 함께 폭탄도 무수히 투하해서 꾸찌 터널을 파괴하고자 했어. 하지만 그런 공격에도 꾸찌 터널을 완전히 파괴할 수는 없었어. 지하 1, 2층은 폭격을 당해 일부 파괴되기도 했지만, 터널이 얼마나 깊었던지 맨 아래쪽에 있는 지하 3층까지는 폭탄의 위력이 미치지 못했어. 베트콩들은 꾸찌 터널을 은신처 삼아 전쟁을 계속할 수 있었지.

그러다 보니 전쟁은 생각보다 무척 길어지게 되었어. 미군은 무려 8년 가까이 베트남에서 싸워야 했단다. 미국인들의 희생이 커지고 전쟁을 벌이는 명분도 점점 약해지자, 미국 내에서는 베트남 전쟁에 반대하는 여론이 높아졌어. 미국뿐 아니라 세계 곳곳에서 반전 시위가 대대적으로 일어나기도 했지. 미국의 입지는 나날이 좁아져만 갔어.

월남에서 돌아온 김 상사

전쟁이 한창이던 1968년, 미국 대통령 존슨의 후임으로 리처드 닉슨이 대통령에 당선되었어. 당선 이듬해에 취임한 닉슨은 하루빨리 베트남에서 철수해야겠다고 생각했어. 이 전쟁 때문에 미국이 치르는 비용이 이만저만이 아닌 데다, 계속해서 미군들이 죽어 나가니어서 전쟁을 끝내고 싶었던 거야.

하지만 세계 최강국 미국이 아시아의 작은 나라와 싸워서 졌다는 결과를 남기고 싶지는 않았나 봐. 그때껏 크건 작건 미국은 다른 나

1971년 4월에 미국 워싱턴에서 있었던 베트남 전쟁에 대한 반전 시위.
베트남 전쟁이 길어지고 전쟁의 참혹함이 알려지면서
미국 내에서 반전을 외치는 여론이 점점 높아졌다.(사진ⓒLeena Krohn)

라와의 전쟁에서 져 본 적이 없었거든. 전쟁에서 진 역사상 최초의 미국 대통령이 된다는 건 닉슨의 자존심이 허락하지 않았지. 전쟁에서 '졌다'가 아닌 '철수한다'는 표현을 쓰면서 1973년 3월, 미국 군대는 베트남을 떠났어.

미국이라는 든든한 지원군을 잃은 베트남 공화국은 전투력을 크게 상실했어. 얼마 버티지 못하고 1975년 봄에 수도 사이공이 베트콩의 손에 떨어지고 말았어. 베트남 전쟁은 그렇게 끝난 거야. 베트남은 통일되었고 베트남 사회주의 공화국이라는 나라가 새로 탄생했어. 미국이 그토록 우려하던 공산주의 국가가 되었지.

사이공이 함락되고 베트남이 공산 국가가 되었다는 소식은 베트남에서 싸웠던 미국인들을 더욱 의기소침하게 만들었어. 무엇을 위해 그토록 많은 희생을 치렀나 하는 의문이 새삼 고개를 들었던 거야. 비록 '철수한다'는 완곡한 표현을 쓰긴 했지만 패배한 것이나 다름없었기 때문에 베트남 전쟁은 미국의 자존심에 큰 상처를 남겼어.

세계적인 차원에서 보자면 베트남 전쟁은 일종의 대리전쟁이었다고 할 수 있어. 미국과 소련이 서로 자기네 체제가 더 우월하다며 체제 경쟁을 벌이던 냉전 시대에, 직접 맞부딪쳐 싸우는 대신 베트남 전쟁을 통해 서로의 실력을 확인하려고 한 셈이니까. 그러니 베트남에서 벌어진 두 나라의 대리전이라고 해도 틀리지 않지. 어딘가 우리나라의 6·25 전쟁과 묘하게 닮은 것 같지 않니?

또 베트남 전쟁에서 베트남과 미국만 싸운 것이 아니야. 남베트남은 미국뿐만 아니라 대만, 오스트레일리아, 뉴질랜드, 필리핀, 태국 등 미국 우방국들의 도움을 받았어. 우리도 그중 하나였고 말이야. 엄마 어렸을 적엔 베트남에 파병되었던 우리 군인들을 노래한 「월남에서 돌아온 김 상사」라는 대중가요도 유행했었단다. 제목 그대로 '월남에서 돌아온 새카만 김 상사'라는 가사로 시작하는 노래야. 그 노래를 들으면서 어린 마음에 "김 상사는 왜 새까맣지?" 하고 궁금해했던 기억이 나. 베트남이 얼마나 무더운 나라인지도 몰랐을 만큼 세상 물정 모르는 어린애였던가 봐. 지금 생각하면 열대의 낯선 땅에서 전투를 치르느라 고생했을 우리 군인들이 떠올라서 마음 한쪽이 묵직해진단다.

남베트남만 세계 각국의 도움을 받은 것은 아니야. 북베트남도 소련과 중국에서 식량이며 무기 등 많은 지원을 받았어. 이때 북한은 전쟁 물자와 함께 공군 조종사들을 보내기도 했다는구나.

세계 각국이 참여해 전쟁의 향방에 촉각을 곤두세워야 했기 때문에, 베트남 전쟁은 20세기에 있었던 사건 중에서도 가장 중요한 사건으로 기록된단다.

전쟁이 끝나고 평화가 찾아온 오늘날, 베트남에 여행을 가는 사람들은 한 번씩 꾸찌 터널에 들르기도 해. 비좁은 통로로 직접 들어가 보기도 하면서 베트남 전쟁을 조금이나마 실감해 보곤 하지.

비록 꾸찌 터널 덕분에 승리했다고는 하지만, 꾸찌 터널을 만드는 것, 또 그 안에서 산다는 것은 베트남 사람들에게도 결코 쉬운 일이 아니었어. 농부들은 변변한 도구도 없이 맨손으로 흙을 판 뒤, 파낸 흙은 주머니에 넣어 두었다가 밖으로 나와서 버리는 식으로 터널을 만들었다고 해. 공격이 심한 날이면 몇 날 며칠을 햇볕 한 번 쪼이지 못한 채 내내 굴속에서 지내야 했대. 꾸찌에서 희생된 사람도 적지 않았어. 전쟁 중에 꾸찌에서 싸웠던 1만 6,000명 중 생존한 사람은 고작 6,000명에 불과하다고 해.* 꾸찌 지역에 있는 꾸찌 전쟁 박물관의 벽에는 당시 죽어 간 1만 명의 이름이 한가득 새겨져 있어서 보는 이들로 하여금 안타까운 마음을 자아낸단다.

전쟁이 아니라면 감당하기 힘든 열악한 환경에서 많은 군인들이

---

* 유재현 『메콩의 슬픈 그림자, 인도차이나』, 창비 2004, 67면.

눈앞의 상대는 물론 자기 마음속의 공포나 절망과 싸워야 했던 시간은 상상조차 하기 어렵구나. 모든 전쟁이 그렇지만 베트남 전쟁은 특히나 승자와 패자 모두에게 힘든 싸움이었고 그만큼 상흔도 깊었어. 우리나라 어른들의 희생도 적지 않았던 만큼 베트남 전쟁에 대해서, 나아가 전쟁이란 무엇인지에 대해서 깊이 생각해 보는 시간을 가져 보면 좋겠구나.

소탈한 애국자, 호 아저씨

베트남 전쟁 이야기를 마무리하면서 소개하고 싶은 인물이 있어. 베트남 전쟁을 북베트남의 승리로 이끌면서 베트남을 대표하는 지도자가 된 호찌민이야. 유학자 집안에서 태어나 프랑스에서도 활동했던 호찌민은 1945년에 베트남 민주 공화국을 선포한 뒤 대통령을 지내. 이후 베트남의 통일을 꿈꾸며 두 차례의 전쟁을 주도했지만 베트남 전쟁이 끝나기 전인 1969년에, 통일을 보지 못하고 세상을 떠났어. 세계의 많은 지도자들이 전쟁과 혁명의 혼란기를 겪어 냈지만 호찌민처럼 평생을 혁명과 전쟁만 치르다 간 지도자도 참 드물다고 해.

남베트남의 수도였던 사이공은 오늘날 호찌민 시로 이름을 바꾸었어. 그만큼 호찌민은 베트남에서 깊이 사랑받는 지도자란다. 베트남을 위해 일생을 바쳤기 때문인데 조국의 완전한 독립에 헌신하기 위해 결혼조차 하지 않았다고 해. 가족 때문에 문제가 생길까 봐 형

호찌민 동상이 세워진 호찌민 시 시청 전경.(사진ⓒDiego Delso)

제들과도 소원하게 지냈다고 하지. 호찌민의 형 역시 베트남의 희망
으로 떠오른 동생을 위해 중병에 걸려서도 동생에게 연락하지 않았
어. 조국을 위해서는 큰일을 했지만 한 인간으로서는 굉장히 외롭고
고단한 생을 살았겠구나 싶어서 마음이 짠해져.

　죽음을 앞두고 호찌민은 이런 유언을 남겼다고 해.

　"내가 죽은 후에 웅장한 장례식으로 인민의 돈과 시간을 낭비하
지 마라. 내 시신은 화장하고, 유골은 세 부분으로 나누어 도자기 상
자에 담아 하나는 북부에, 하나는 중부에, 하나는 남부에 뿌려 다오.

무덤에는 비석도 동상도 세우지 마라. 다만 단순하고 넓고 튼튼하며 통풍이 잘되는 집을 세워 방문객들을 쉬어 가게 하는 것이 좋겠다. 방문객마다 추모의 뜻으로 한두 그루씩 나무를 심게 하라. 세월이 지나면 나무들은 숲을 이룰 것이다."*

소탈한 면모가 잘 드러나지? 왜 베트남 사람들이 '호 아저씨'라는 정겨운 애칭으로 부르면서 호찌민을 존경하는지 알 것 같아.

베트남은 1986년부터 개혁과 개방을 중시하는 '도이머이' 정책을 추진하면서 정말 많이 달라졌어. 베트남 사람들이 앞으로 또 어떤 새로운 베트남을 만들어 갈지 함께 지켜보자꾸나.

• 다니엘 에므리 『호치민』, 성기완 옮김, 시공사 1998, 127면.

담벼락

베를린 장벽과
동서 냉전

지붕 밑의 공간이 안전하려면 무엇이 있어야 할까? 여러 가지가 있겠지만 일단 담벼락이 꼭 필요해. 담이 있어야 집의 안과 밖이 비로소 확실하게 구분되면서 바깥의 여러 위험한 것들로부터 안을 지킬 수 있거든. 예로부터 사람들은 다양한 모양으로 담을 쌓아 왔어. 그 담이 간직한 이야기를 살펴볼까?

A
TIME
FOR

PEACE

THE
BERLIN
WALL

AUG 13, 1961   NOV 9, 1989

FORGET NOT
THE TYRANNY OF
THIS WALL
HORRID PLACE.
NOR THE LOVE
OF FREEDOM THAT
MADE IT FALL —
LAID WASTE

부르주아지의 유래

엄마가 어린 시절엔 시골에서 싸리나무나 탱자나무 가지로 울타리를 만들어 담으로 삼기도 했는데 이런 담을 본 적 있니? 요즘엔 다들 도시에 살다 보니 이런 정겨운 담을 보기가 힘들어졌어. 그 대신 무인 감시 카메라에 센서까지 부착된 첨단 담벼락이 많이 생겼지. 정은 좀 없어 보이지만 안전을 지키는 데에는 도움이 되는 모양이야.

나무 울타리든 최첨단 담이든 담벼락의 기본적인 역할은 모두 똑같아. 외부의 위험에서 내부를 구분하고 보호하는 거야. 비나 바람은 물론, 알 수 없는 외부인의 침입으로부터 안에 사는 사람들을 지켜 주는 것이 바로 담과 벽이지.

담과 관련된 상식 하나를 알려 줄게. 부르주아지(bourgeoisie)라는 말, 들어 보았니? 프랑스어인 이 단어는 역사에서는 자본가 계급을 가리키지만, 흔히 그냥 부유한 사람을 뭉뚱그려 부르주아지라 부르기도 하지. 무심코 쓰는 이 말은 원래 '성벽 안에 사는 사람들'이란 뜻에서 유래했어.

유럽에서는 중세에 상업이 발전하면서 각 지역에 도시가 성장하기 시작했어. 이탈리아의 베네치아, 밀라노, 피렌체, 독일의 함부르크, 프랑스의 샹파뉴 등이 모두 이 무렵 성장한 도시야. 지금도 유명한 도시들인데 도시가 된 지 1,000년 가까이 되었다니 새삼 놀랍지? 이런 도시 중에 '부르'(bourg)라고 일컫는 곳들이 생겼어. 부르란 성벽을 뜻하는데 도시들 중엔 안전을 위해 성벽을 쌓은 곳들이 있었거든. 이런 도시에 사는 사람들을 '부르 안에 사는 사람들'이라 불렀고 여기서 부르주아지가 생겨났어.•

그런데 중세에 도시 사람들은 잘사는 경우가 많았어. 도시인들은 농사를 짓는 대신 고급 직물이나 의류, 각종 도구를 만드는 가내 공업에 종사하거나 장사를 했거든. 그중엔 큰돈을 벌어 부자가 되는 사람도 종종 있었지. 시간이 흐르면서 이런 이들이 근대 자본주의 사회의 형성에 큰 역할을 담당하게 돼. 그래서 부르주아지는 상공업을 발전시켜 온 시민들을 가리키게 되면서 '부유한 사람', '자본가 계급'을 일컫는 말로 발전했단다.

뜨거운 전쟁과 차가운 전쟁

중세 이후 도시에 성벽을 쌓는 일은 점차 사라졌지만 만리장성부

• 자크 르 고프·장루이 슐르젤 『중세 여행』, 안수연 옮김, 에코리브르 2008, 61~62면.

터 통곡의 벽까지, 세계 곳곳에는 다양한 사연을 간직한 담벼락들이 많이 남아 있어. 오늘은 현대에 축조되었다가 불과 얼마 전에 부서진 담벼락, 부서짐으로써 세계사에 큰 획을 그은 담벼락에 대해 이야기해 볼까 해. 바로 독일에 있었던 베를린 장벽이야.

베를린 장벽은 다른 담벼락처럼 지세가 험난하거나 가파른 곳에 세워지지 않았어. 오히려 평평한 대도시의 한가운데를 가로지르고 있었지. 하지만 그 어느 담벼락 못지않게 위험했는데 거기에는 아주 긴 사연이 있단다.

때는 바야흐로 1945년, 2차 대전이 끝나 갈 무렵이었어. 전 세계를 죽음의 공포로 몰아넣었던 2차 대전은 전쟁을 일으켰던 독일의 독재자 히틀러가 자살하고 나치 독일이 항복함으로써 막을 내렸지. 그 직전에 독일이 패전할 기미를 알아차린 미국, 영국, 소련 등 연합국 정상들은 1945년 2월에 흑해 북쪽에 있는 얄타에서 회담을 했어. 어떻게 독일을 패배시킬 것인가, 전후 처리를 어떻게 할 것인가 등을 논의하기 위해서 말이야.

세 대표들은 독일을 그대로 두었다간 또다시 2차 대전 같은 전쟁을 일으킬지도 모른다고 생각했어. 그런 우려 때문에 독일을 쪼개어 다스리기로 했지. 나라가 분할되면 아무래도 힘이 빠질 테니까. 대표들은 독일에 중앙 정부를 두지 않는 대신 미국, 영국, 소련에다 프랑스까지 더해 네 나라가 독일 땅을 나누어 점령하기로 결정했어.

처음엔 네 나라가 각자의 지역을 잘 맡았는데 시간이 지나면서 분위기가 묘해졌어. 2차 대전이 끝난 뒤부터 미국을 대표로 하는 자본

1945년에 얄타 회담을 위해 모인 세 정치인. 맨 왼쪽이 영국의 처칠,
가운데가 미국의 루스벨트, 맨 오른쪽이 소련의 스탈린이다.

주의 진영과, 소련을 대표로 하는 공산주의 진영이 첨예하게 대립했
거든. 포탄이 터지는 뜨거운 전쟁은 아니었지만 서늘한 신경전이 이
어지는 냉전 체제로 돌입한 거야.

　냉전 체제는 1947년에 미국 대통령 트루먼이 이른바 트루먼주의
를 발표하면서 본격적으로 시작되었어. 트루먼 대통령은 공산주의
의 확대를 막기 위해 세계 여러 나라에 군사적, 경제적 원조를 하겠
다고 밝혔어. 당시 소련이 공산주의의 대표 격이었던 만큼 그 말은
곧 미국이 소련을 상대로 도전장을 내민 것이나 마찬가지였어. 말로
만 그런 것이 아니라 실제로 그리스와 터키의 반공산주의 정부를 지

원해 주면서 세계에 자신들의 의
지를 내보였지.

또 미국 국무장관 마셜은 이른
바 '마셜 플랜'이라 불리는 유럽
부흥 계획을 세웠어. 2차 대전으
로 황폐화된 유럽을 재건하고 부
흥시키기 위해 무려 120억 달러
규모의 특별 지원을 하겠다는 계
획이었지. 미국은 왜 이런 큰돈
을 들여서 유럽을 살리려고 했을
까? 그 역시 소련 때문이었어. 전
후에 굶주린 유럽 여러 나라가

마셜 플랜을 유럽에 홍보하기 위해
미국에서 만든 포스터.

소련 같은 공산 국가가 될까 봐 통 크게 지원하겠다고 한 거야.

이런 분위기다 보니 독일 내에서도 소련과 서방 진영 간의 관계가
삐걱거렸어. 결국 미국, 영국, 프랑스 세 나라가 소련을 견제하기 위
해 뭉치고는 1948년 3월에 세 나라의 점령 지역을 하나의 경제 단
위로 통합하기로 했어. 소련으로서는 혼자 따돌림당한 꼴이 되고 말
았지.

화가 난 소련은 1948년 6월에 베를린에서 서방 측 점령 지역으로
통하는 길을 육로와 수로를 막론하고 모두 막아 버렸어. 이른바 '베
를린 봉쇄'를 시작한 거야.

당시 베를린은 반으로 나뉘어 동쪽은 소련이, 서쪽은 미국, 영국,

프랑스가 함께 맡고 있었어. 동쪽은 상관없었지만 서쪽, 서베를린이 문제였어. 도시가 완전히 고립되고 말았거든. 서베를린은 사방이 소련 점령 지역으로 둘러싸였는데 길을 모두 막아 버렸으니 정말 난감해진 거야. "아무리 맘에 안 들어도 그렇지, 길을 죄다 막아 버리면 어떻게 먹고살라는 거야?" 하고 울컥해서 누가 싸움이라도 건다면 금세 국제적인 전쟁으로 번져 나갈 기세였어. 독일에는 다시 전쟁의 위기감이 짙게 드리워졌지.

하지만 더는 전쟁을 벌이고 싶지 않았던 미국, 영국 등은 비행기로 서베를린에 생필품을 실어 나르기 시작했어. 육지 길과 바닷길이 모두 막혀 버렸으니 어쩌겠니? 하늘길을 이용할 수밖에. 서베를린 시민들이 모두 쓰려면 얼마나 많은 생필품이 필요했을지, 얼마나 많은 비행기가 동원되었을지 상상이 가니? 전쟁이 끝난 뒤 창고에 넣어 두었던 비행기란 비행기는 모두 동원해서 무수한 물자를 베를린으로 날랐어. 그래도 턱없이 부족했지만 베를린 사람들은 하루하루 견디어 나갔지. 그렇게 시작된 '베를린 공수'는 자그마치 11개월에 걸쳐 이어졌어. 대단한 인내심을 발휘해야 했던 시간이 지나고 1949년 5월, 마침내 소련이 다시 길을 터 주었지.

한편 그 직전인 1949년 4월에는 미국을 필두로 영국, 프랑스, 서독, 캐나다 등 자본주의 나라들이 모여 아예 기구를 하나 만들기로 했어. 바로 북대서양 조약 기구로 일종의 집단 안전 보장 기구야. 미국을 위시한 서구가 똘똘 뭉친 거지. 소련도 가만히 있을 수 없겠지? 1955년 5월에는 소련과 불가리아, 헝가리, 폴란드, 루마니아 등이 모

소련의 봉쇄에 고립된 베를린 시민들이 1948년 8월에 식량을 싣고
베를린 서남부에 착륙한 미국 비행기를 호기심 있게 바라보고 있다.(사진ⓒ미 농무부)

여 북대서양 조약 기구에 대응하는 바르샤바 조약 기구를 창설했어.

그러면서 세계는 점차 미국과 소련을 두 축으로 하는 냉전 시대로 접어들었어. 1980년대에 소련의 고르바초프가 개방 정책을 추진하면서 패권 경쟁을 그만둘 때까지 정치, 경제, 문화 등 모든 분야에서 두 진영은 길고도 지루한 세력 싸움을 해 나갔어. 체제 경쟁은 우주 개발 경쟁으로 번지기도 했지.

베를린 봉쇄가 풀린 지 얼마 지나지 않아서 1949년 5월 23일에 미국, 영국, 프랑스는 자기들이 점령한 독일 지역을 뭉쳐서 독일 연방 공화국(서독)을 세웠어. 그러자 수개월 뒤인 10월 7일에는 소련이 자기네 점령 지구에 독일 민주 공화국(동독)을 세웠지. 이로써 독일은 자본주의 서독과 사회주의 동독으로 쪼개지고 말았어.

그런데 시간이 흘러 서독과 동독 사이에 빈부 격차가 심해지면서 점점 난감한 일들이 벌어지기 시작했어. 특히 동독 입장에서 여러모로 곤란했지. 전쟁 이후 서독은 서구의 엄청난 원조를 받아 부지런히 산업을 일군 결과 '라인 강의 기적'을 이루며 부유하고 활기 있는 나라가 되어 갔거든. 서독의 상점에는 맛있는 음식과 화려한 물건이 넘쳐 나기 시작했지. 사람들의 삶도 점점 윤택해지고 여유로워졌어. 반면 동독은 그만큼 발전하지 못했던 거야.

생활의 질이 높고 물자가 풍족한 곳에서 살고 싶은 것은 인지상정이잖아. 게다가 개인에게 좀 더 많은 자유를 주는 서독의 체제를 선호하는 사람들도 있다 보니 동독에서 서독으로 넘어가는 사람이 나날이 늘어났어. 기록에 따르면 1950년대에 약 250만 명의 동독인이 서독으로 빠져나갔다고 해.[*] 특히 숙련된 기술자나 의사, 지식인 같은 사회에 중요한 인력들이 서독을 향했어. 그대로 두었다간 동독의 미래가 위태로울 지경이었지. 노심초사하던 동독 정부는 결국 일을 저질렀어.

냉전의 상징, 베를린 장벽

1961년 8월의 토요일 밤이었단다. 동서 베를린의 경계를 따라 군수송기, 장갑차, 탱크들이 들어왔어. 뒤이어 굴착기, 철사, 콘크리트 말뚝을 실은 트럭들도 속속 도착했지.[**] 한밤중에 전쟁이라도 벌이려는 계획이었을까? 다행히 그건 아니었어.

사람들은 동서의 경계 바로 안쪽에 있는 포장도로를 파헤친 뒤 말뚝을 박고 콘크리트를 붓기 시작했어. 말뚝을 고정한 다음에는 볼썽사나운 가시가 달린 철조망을 걸었지. 밤사이에 동독 정부는 동베를린과 서베를린의 경계에 50킬로미터에 달하는 긴 장벽을 세웠던 거야.

이튿날인 일요일 아침, 베를린 시민들은 깜짝 놀랐어. 자고 일어나 보니 도시가 완전히 가로막혀 있지 뭐야. 하루아침에 동베를린과 서베를린은 서로 오갈 수 없는 곳이 되어 버렸지. 이산가족이 생긴 건 물론이야. 담이 갑작스럽게 생기는 바람에 심지어 서쪽에 일터가

[*] 조지프 커민스 『만들어진 역사』, 송설희·김수진 옮김, 말글빛냄 2008, 401면.
[**] 같은 책 400면.

있던 6만 명의 동독 사람들은 출근할 수조차 없었어.

철조망으로 만들어진 담벼락은 이내 높이 4미터가량의 콘크리트 벽으로 바뀌었어. 길이도 160킬로미터 가까이로 늘어났지. 사람들은 그 벽을 베를린 장벽이라 부르기 시작했어.

동독인들이 서독으로 이주하는 것을 막기 위해 궁여지책으로 세운 베를린 장벽은 어느 정도 목적을 달성하기는 했어. 장벽이 버티고 서 있으니 동독을 탈출하는 사람이 크게 줄어들었거든. 물론 이 벽을 넘어서라도 빠져나가려는 사람들도 더러 있었어. 이 벽을 넘으려고 시도하다 사망한 사람도 200명이 넘는다고 해.

담벼락은 대부분 외부로부터 내부를 보호하려는 목적으로 세워지곤 해. 하지만 베를린 장벽은 그 반대였어. 특이하게도 내부에서 외부로 나가는 것을 막기 위해 쌓아 올린 거야. 마치 감옥이나 다름없는 역할을 했지. 그래서 다른 나라 사람들이 보기에 베를린 장벽은 동독 스스로 서독보다 못하다는 것을 인정하는 증거처럼 보였어. 물론 동독 정부는 절대 인정하지 않았지만. 그렇게 베를린 장벽은 세계인들에게 독일의 분단을 상기시켰고 동시에 냉전 시대의 대표적인 상징물이 되었지.

그러던 어느 날 베를린 장벽의 붕괴가 갑작스럽게, 기적처럼 일어났어.

베를린 장벽이 무너지던 날

　1989년 5월에 사회주의 국가였던 헝가리는 이웃 오스트리아와의 국경을 개방했어. 당시 동독인들은 같은 사회주의 국가인 헝가리로는 자유롭게 여행할 수 있었어. 문제는 헝가리를 여행한다는 핑계로 갔다가, 중립국인 오스트리아를 거쳐 서독이나 자본주의 나라로 넘어가는 사람들이 생겼다는 거야. 헝가리가 일부러 그런 것은 아니었지만 본의 아니게 동독 사람들의 탈출을 돕게 된 거지. 구 체코슬로바키아에서도 비슷했어. 많은 동독인들이 구 체코슬로바키아를 경유해 서독으로 가려 했거든.

　그러던 무렵, 1989년 동독 건국 40주년 기념일 전후로 동독 안에서 대대적인 시위가 일어났어. 시위대는 인간의 기본적 자유를 보장해 달라, 서방 세계로 안전하게 갈 수 있도록 해 달라고 요구했지. 시위대의 목소리는 제법 컸어. 이 시위로 당시 동독의 수상이었던 호네커가 사임할 정도였으니까. 그 뒤를 이은 크렌츠는 사태를 가라앉히기 위해 서독 방문을 허용하겠다는 결정을 내렸어. 동독인들이 요청만 하면 비자를 발행해 주기로 했지.

　이 결정을 한 다음 날인 11월 9일, 조금 우스꽝스러운 일이 일어났어. 동독의 정치국 대변인 귄터 샤보브스키가 기자 회견을 할 때였어. 샤보브스키는 이제 동독과 서독 사이의 검문소가 열릴 테니 누구든 원하기만 하면 두 독일 사이를 아무 때나 갈 수 있다고 말했어. 사실 동독은 비자 발급 절차를 조금 간소화하는 정도로 급한 불을 끄려 했을 뿐 획기적인 변화를 생각한 것은 아니었어. 한데 기자 회견 당일에야 자료를 받은 샤보브스키가 내용을 제대로 숙지하지 못한 채 그만 그렇게 말한 거야. 그러자 한 기자가 언제부터 가능한지 물었고 샤보브스키는 얼떨결에 "내가 아는 한, 지금부터 당장 유효하다."라고 말해 버렸어. 그 말은 급박한 상황 속에서 와전되더니 급기야 서독 방문이 즉각 허용될 것이라는 언론의 오보까지 나오고 말았지.

뉴스를 들은 동독 사람들은 깜짝 놀랐겠지? 아니나 다를까 기자 회견이 저녁 7시쯤 생방송되었는데, 라디오와 텔레비전에서 소식을 들은 동베를린 사람 수천 명이 신분증명서를 들고 검문소로 몰려가서는 서베를린으로 가게 해 달라고 요구했어. 당황한 국경 수비대가 돌려보내려 해 보았지만 소용없었어. 결국 검문소의 문이 활짝 열렸지.

양쪽 시민들이 장벽이 놓인 거리에 몰려들어 하나가 되었어. 사람들은 장벽 위로 올라가 부둥켜안고 춤추고 노래하며 환호했어. 기쁨에 들뜬 나머지 어떤 사람들은 아예 장벽 꼭대기에 올라가서 와인을 마시기도 했고, 더 성미가 급한 사람들은 망치와 곡괭이로 장벽을 부수기도 했어. 그래도 누구도 제지하지 못했어. 그리고 그런 모습들이 텔레비전을 통해 전 세계로 퍼져 나갔지. 베를린 장벽이 무너진 거야!

독일 사람들은 물론 전 세계의 많은 사람들이 장벽의 붕괴를 축하하고 기뻐해 주었어. 독일에선 연일 축제 분위기가 계속되었는데

1989년 12월, 브란덴부르크 문 옆의 베를린 장벽 일부를 크레인을 동원해 옮긴 뒤, 새로 열린 공간에 동서 독일인들이 모여든 모습.(사진ⓒSSGT F. LEE CORKRAN)

그중에서도 절정은 1989년 크리스마스였어. 이 날 세계적인 지휘자 레너드 번스타인을 중심으로 음악가들이 베토벤의 「교향곡 9번」을 연주하는 모습은 정말 장관이었어. 당시 번스타인은 독일을 분할 통치했던 네 나라에서 단원들을 모아 특별히 꾸린 연합 오케스트라와 합창단을 지휘해서 공연은 더욱 의미 깊었어. 이때 번스타인은 4악장 「환희의 송가」에 나오는 가사 중 '환희'를 '자유'로 바꾸어 부르도록 했는데 그 부분은 감동의 절정이었단다. 엄마도 그 공연 모습을 보았는데 경이로웠던 느낌이 아직도 생생해. 분단국가에 살고 있는 우리로서는 더욱 감회가 남다를 수밖에 없었지.

축제가 끝난 뒤, 베를린 장벽은 차례로 부수어졌어. 한때 냉전 시대의 상징이었던 베를린 장벽은 무너진 뒤에는 냉전 시대의 종말을 상징하게 되었단다.

통일은 도둑처럼 오지 않았다

우연과 실수와 오해가 뒤섞인 채 통일을 맞았지만, 그렇다고 독일에 통일이 도둑처럼 몰래 온 것은 아니었어. 가만히 있는데 느닷없이 들이닥치지 않았다는 뜻이야. 통일이 있기까지 독일 사람들은 꾸준히 노력해 왔어. 특히 빌리 브란트 전 서독 수상이 '접근을 통한 변화'라는 기치 아래 실행했던 '동방 정책'은 동독과 서독의 관계, 서독과 소련의 관계를 개선하는 데에 큰 도움이 되었어.* 또 1972년부터 1987년까지 약 15년 동안 동서 독일은 무려 34차례나 협상을 하면서 협력 체계를 구축하고 민간 교류를 활발히 했단다.** 그러면서 긴장 관계도 조금씩 풀어 나갔어. 그런 과정이 있었기에 비교적 갑작스러운 통일에도 의연히 대처할 수 있었던 거야.

물론 통일이 되었다고 해서 곧바로 모든 갈등이 해결되고 행복과 기쁨만 가득해진 것은 아니야. 통일의 대가도 만만치 않아서 통일 후 20년도 더 지난 지금까지 해결되지 못한 과제들이 많다고 해. 경제적인 부담도 적지 않고, 오랜 세월 나뉘어 살면서 생긴 이런저런

• 서유진 「독일 '동방 정책' 설계자 에곤 바 별세」, 『중앙일보』, 2015. 8. 21.
•• 전국 사회 교사 모임 『사회 선생님도 궁금한 101가지 사회 질문 사전』, 북멘토 2011, 365면.

차이 때문에 심리적 갈등도 아직 남아 있어. 이런 갈등이 깊어진다면 그건 베를린 장벽보다도 높은 사회적 장벽이 될 수 있어. 그렇게 되지 않도록 여러 문제들을 하나씩 해결해 나가야겠지.

베를린 장벽은 역사적 기념물로서 보존하기로 결정된 몇 구간과 감시탑을 제외하고 1991년까지 모두 철거되었어. 오늘날 포츠담 광장에는 베를린 장벽의 일부가 남아서 냉전 시절의 역사와 통일의 환희를 기억하고자 하는 수많은 여행자들을 맞이하고 있단다.

베를린 장벽을 닮은 휴전선이 있는 마지막 분단국가인 우리나라. 우리는 언제쯤 휴전선의 철책이 사라지는 모습을 볼 수 있을까? 엄마는 개방된 비무장 지대(DMZ)에 가서 분단 시대의 이야기를 마치 옛날이야기처럼 나누는 날을 꿈꾸곤 해. 남북을 가로막은 벽이 하루빨리 허물어지기를 우리 함께 기원하자꾸나.

정원

이허위안과
청나라의 몰락

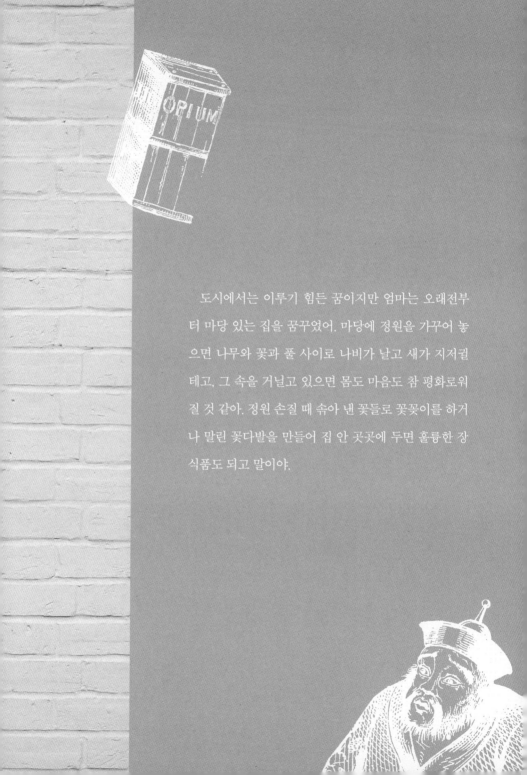

도시에서는 이루기 힘든 꿈이지만 엄마는 오래전부터 마당 있는 집을 꿈꾸었어. 마당에 정원을 가꾸어 놓으면 나무와 꽃과 풀 사이로 나비가 날고 새가 지저귈 테고. 그 속을 거닐고 있으면 몸도 마음도 참 평화로워질 것 같아. 정원 손질 때 솎아 낸 꽃들로 꽃꽂이를 하거나 말린 꽃다발을 만들어 집 안 곳곳에 두면 훌륭한 장식품도 되고 말이야.

웅장한 정원, 이허위안

역사 속의 정원 이야기를 꺼내기 전에 멋진 정원사를 한 명 소개할게. 바로 타샤 튜더(Tasha Tudor)라는 할머니야. 튜더는 사실 100권이 넘는 그림책을 쓰고 그린 작가이자 화가로 더 유명해. 하지만 엄마는 작가보다 정원사로서 튜더가 더 인상 깊었어. 『타샤의 정원』이라는 책을 통해서 알게 되었는데, 튜더는 미국의 시골집에 기가 막히게 아름다운 정원을 가꾸어 놓았더라. 머릿수건과 앞치마를 하고 발목까지 오는 부츠를 신은 채 각종 꽃은 물론 토마토, 당근, 아스파라거스 같은 야채를 직접 길러 식탁을 차리는 할머니 튜더의 모습이 어찌나 그 정원과 잘 어울리던지. 아름다운 그림을 그리던 튜더의 마음이 이 정원에도 스며들었구나 하는 생각이 들었어.

그런데 오늘 소개할 정원은 집 앞에 꾸민 작은 정원이 아니야. 세계적으로 손꼽힐 만큼 웅장하고 호화로운 정원이란다. 격동기의 중국 역사를 품은 정원, 이허위안(頤和園, 이화원)을 함께 거닐어 볼까?

이허위안의 모습.(사진 ⓒZhangzhe0101)

유네스코 세계 문화유산으로 등록된 이허위안은 오늘날 공원으로 탈바꿈했지만, 원래 중국 황실의 여름 별장으로 쓰이던 정원이었어. 중국의 수도 베이징의 북서쪽에 자리하고 있지. 금나라 때부터 짓기 시작했다고 하는데, 지금의 모습으로 제대로 지어진 것은 1750년 청나라 건륭제 때라고 해. 건륭제가 당대의 뛰어난 석공과 목공들을 동원해 화려하게 지었고 그 후 몇 차례의 보수를 거쳐 지금에 이르고 있지.

이허위안은 중국 조경 예술의 걸작으로 유명한 만큼 풍경이 참 근사해. 야트막한 완서우 산 옆으로 끝이 보이지 않을 정도로 넓고 아득한 호수, 쿤밍 호가 펼쳐져 있는데 그 규모가 정말 대단하지. 이허위안의 총 면적이 2.9제곱킬로미터라는데 이 넓은 이허위안의 약 4분의 3이 쿤밍 호라고 하니 정말 커다랗지?

더욱 놀라운 점은 쿤밍 호가 사람 손으로 땅을 파고 흙을 퍼내 만든 인공 호수라는 거야! 쿤밍 호를 조성하느라 파낸 흙이 쌓여서 만들어진 것이 바로 완서우 산이고 말이야. 정원을 조성하면서 산과 호수를 뚝딱 만들어 냈다니 그저 놀라울 뿐이야.

이토록 수려하고 근사한 정원이지만 이허위안을 바라보는 중국 사람들의 마음은 조금 복잡하단다. 이허위안은 중국의 마지막 봉건 왕조였던 청나라의 애달픈 역사를 간직하고 있거든. 이허위안은 아편 전쟁 때 파괴된 것을 청나라 말기에 재건했는데, 그 재건에 꽤 많은 비용이 든 탓에 골치를 썩기도 했어. 이허위안을 대대적으로 보수하도록 지시한 사람이 바로 청나라의 서 태후(西太后)인데, 그 때문에 서 태후는 지금까지도 많은 비난을 받고 있어.

청나라의 마지막 여성 권력자

서 태후는 청나라 말기에 대륙을 쥐락펴락하던 권력자야. 당나라의 측천무후와 함께 중국 역사상 가장 걸출한 여성 정치가로 꼽히는 인물이지. 흔히 영국의 수상을 지낸 마거릿 새처를 '철의 여인'이라고 부르는데, 그보다 앞선 시대를 살았던 서 태후 역시 같은 별명으로 불리곤 해.

대륙을 호령하던 권력자였지만 태후라는 호칭에서 알 수 있듯 서 태후는 중국의 황제는 아니었어. 태후는 황제의 살아 있는 어머니를 뜻하는 말이니까. 서 태후는 청나라의 9대 황제였던 함풍제의 황후이자 10대 황제인 동치제의 어머니야. 동치제의 뒤를 이은 광서제의 이모이기도 하지. 어려운 한자 이름 때문에 복잡하게 들리겠지만 족보는 간단해. 함풍제의 부인으로서 남편은 물론 아들과 조카가 차례로 왕위에 오르는 동안 서 태후가 계속 권력을 쥐고 있었던 거야. 혹시 섭정(攝政)이라는 표현을 역사책에서 본 적 있니? 왕이 직접 통치하기 어려울 때 다른 사람이 왕을 대신하는 것을 섭정이라고 하는데, 서 태후는 바로 이 섭정을 통해 권력을 쥐었어.

서 태후는 원래 가난한 집안의 딸이었대. 함풍제의 후궁으로 궁에 들어왔다가, 훗날 동치제가 될 아들을 낳으면서 신분이 높아진 거야. 서 태후가 낳은 아들이 함풍제의 유일한 아들이었거든. 함풍제는 서른한 살이라는 젊은 나이에 병으로 일찍 세상을 떴어. 그 뒤에 아들이 왕위에 올랐는데 너무 어렸던 탓에 그때부터 서 태후의 세상이 펼쳐진 것이지.

전해지는 말로는 서 태후가 젊었을 때부터 정치적 야심이 남달랐다고 해. 그것을 잘 알고 있던 함풍제는 자신의 사후에 서 태후가 정치에 너무 깊이 관여할까 봐 걱정했다더구나. 그런 걱정은 현실로 나타나고 말았지.

섭정과 비슷한 말로 수렴청정(垂簾聽政)이 있어. 임금이 제대로 정무를 수행하지 못할 때, 왕대비나 대왕대비가 그 대신 정사를 돌보는 것을 수렴청정이라고 해. 이 한자의 뜻을 풀어 보면 참 재미있어. 垂(드리울 수), 簾(발 렴), 聽(들을 청), 政(정사 정), 즉 발을 드리워 가려 놓고 정사를 듣는다는 뜻이야. 옛 중국에서 수렴청정을 하는 사람은 황제가 앉아 있는 옥좌 뒤쪽에 황색 실로 만든 여덟 폭짜리 발을 드리워 놓고 그 뒤에서 신하를 접견했다고 해. 신하들이 목소리만 들을 수 있을 뿐 모습을 자세히 볼 수는 없도록 한 거야. 남녀가 유별한 사회여서 그런 장치가 필요했나 봐.

비록 수렴청정의 형식이었지만 서 태후의 권력은 막강했어. 1861년에 어린 아들 동치제를 대신해 정치에 본격적으로 뛰어든 뒤부터 1908년에 죽을 때까지 무려 48년간 청나라를 실질적으로 통치했지. 중국의 여느 황제들도 그렇게 오랜 기간 통치하는 일은 드물었는데 말이야.

서 태후가 통치하면서 상당 기간 머문 곳이 바로 이허위안이야.

1890년경, 55세 무렵의 서 태후.

서 태후는 1888년에 본래 청이위안(淸誼院, 청의원)이라고 불리던 곳을 보수한 뒤, 이름을 이허위안으로 바꾸고는 이곳으로 거처를 옮겼어. 그리고 죽을 때까지 이허위안에서 지냈다고 해. 그래서 이허위안은 서 태후와 떼려야 뗄 수 없는 정원이란다.

하지만 이허위안은 서 태후에게 좋은 평가를 가져다주지는 않았어. 앞서 말한 것처럼 서 태후가 이허위안을 보수하는 데에 너무 많은 돈을 들였거든. 게다가 당시 중국은 참 어렵고 곤란한 시기를 지나고 있었어. 황실의 별장을 짓는 일에 많은 돈을 쏟아부어도 좋을 만큼 여유롭고 태평한 시기가 결코 아니었지.

아편 전쟁부터 태평천국 운동까지

서 태후가 활약하던 시기는 청나라 말기로 안팎에서 청나라의 존립을 위협하는 일이 끊임없이 일어나던 때였어. 산업 혁명과 제국주의를 바탕으로 하루가 다르게 강성해지던 유럽이 호시탐탐 청나라를 노리고 있었거든. 유럽 나라들은 수시로 청나라에 찾아와서는 문

호를 활짝 개방하라고 요구해 왔어. 자기네 나라와 무역을 하자는 것이었지만, 사실은 무역을 구실로 청나라를 집어삼키려는 속셈이 있었지. 오랫동안 자기네가 최고라는 중화사상에 젖은 채 깊은 잠에 빠져 있던 청나라는 조금씩 기우뚱거리기 시작했어.

사실 청나라는 땅이 아주 넓기 때문에 외국과의 무역이 그다지 필요하지 않았어. 청의 입장에서는 굳이 서양과 무역을 하지 않아도 별로 아쉬울 것이 없었지. 예를 들어 영국은 주로 모직물이나 면화를 수출했는데, 당시 청에서 생산되는 면도 품질이 영국산에 못지않았어. 하지만 전 세계에 식민지를 개척하던 서양 제국주의 국가들은 계속해서 청나라를 압박했어. 특히 영국이 가장 눈독을 들이고 있었지. 1840년에는 급기야 영국과 청나라가 아편 전쟁이라는 독특한 이름의 전쟁을 벌이게 된단다. 청나라가 두 차례에 걸친 아편 전쟁에서 완패하면서 거대한 제국은 뿌리부터 송두리째 흔들렸어.

아편 전쟁은 말 그대로 아편을 사이에 두고 벌어진 전쟁이야. 『식탁 위의 세계사』의 「차: 아편 전쟁이라는 큰일을 낸 작은 잎」 편에서 자세히 다루었는데, 아편은 마약의 일종이란다.

전쟁이 일어난 사정은 이러했어. 중국산 차와 도자기로 인한 무역 적자를 해소하는 데에 급급했던 영국은 아편을 청나라에 잔뜩 수출했어. 중독성이 강한 아편은 청나라 사람들의 심신을 갉아먹었지. 청나라로서는 얻는 것은 하나도 없는데 갈수록 국고에 손실만 늘어갔어.

보다 못한 청나라에서는 강력하게 아편을 단속했어. 임칙서라는 관리는 아예 광저우의 항구로 가서는 배에 실려 들어온 참이었던 아편을 석회와 섞어서 바다로 흘려보내기까지 해. 아편은 석회와 섞이면 못쓰게 되거든. 그러자 영국 상인들이 거세게 반발했고 그 사건을 빌미로 영국은 청나라와 한판 붙게 된단다.

앞서 말했듯 전쟁의 결과는 영국의 승리였어. 신식 무기로 무장한 영국 군대 앞에서 청나라는 힘없이 무릎 꿇고 말았지. 전쟁이 끝난 뒤 영국은 본격적으로 야심을 드러냈어. 불평등한 조약을 억지로 맺어서 청나라의 다섯 항구를 개방해 버렸지. 청나라로서는 정말 굴욕적인 일이었어.

굴욕적인 아편 전쟁은 그 뒤 1856년에 한 번 더 벌어졌어. 이때는 영국이 프랑스와 함께 쳐들어왔는데, 청나라는 이때도 별다른 힘을 쓰지 못하고 수도 베이징까지 함락당하고 말아. 영국과 프랑스 연합군은 이허위안을 불태우기도 했지. 불에 타 흉물스러운 모습으로 남은 여름 별장은 땅에 떨어진 청나라 황실의 위신을 보여 주는 것 같았어.

전쟁에 처참하게 패배한 청나라는 서양 나라들과 또 다시 조약을 맺어야 했고 여러 원치 않는 조치를 취해야 했어. 추가로 항구를 개방하고 전쟁 배상금을 지불하고 기독교 전도의 자유를 인정하는 등 서양 열강의 부당한 요구를 들어주어야 했지. 두 차례에 걸친 아편 전쟁은 청나라에 뼈아픈 상처가 되었어. 이른바 서세동점(西勢東漸), 즉 서양 세력이 동쪽으로 옮겨 오고 있다는 것을 인정해야 했지.

문제는 나라 밖에만 있지 않았어. 청나라 안에서도 혼란스러운 사건이 계속 일어났지. 가장 대표적인 것은 태평천국 운동이야. 1851년에 홍수전이란 인물을 중심으로 일어났는데, 청조를 타도하고 중국에 기독교 국가인 태평천국을 세우겠다며 농민들이 들고일어났지. 중국에 조금씩 전파되었던 기독교에 영향을 받았던 거야. 종교적인 이유로 시작했지만 이후 태평천국 운동은 정치적인 성격을 띠게 되었고, 꽤 많은 사람이 참여하면서 혁명적인 변화를 꾀하기 시작했어. 놀란 정부가 1864년에 간신히 진압하기는 했지만 그 여파는 꽤 오래갔지.

아편 전쟁부터 태평천국 운동까지 다양한 혼란을 겪으면서 많은 사람들은 이 혼돈의 시대를 헤쳐 나가려면 근본적인 변화가 필요하겠다고 생각했어. 태평천국 운동을 진압하는 데에 중요한 역할을 했던 관료 이홍장도 그런 사람 중 하나였지. 청나라가 외세에 휘둘리지 않을 만큼 부강해지려면 어떻게 해야 할까?

고민 끝에 이홍장과 주변 관리들은 이른바 양무운동을 펼치기 시작했어. 양무운동은 '중체서용(中體西用)'을 기치로 내걸었어. 중국의 몸에 서양의 기술, 즉 중국의 정신적 전통은 유지하되 서양의 물질문명을 배우자는 일종의 근대화 운동이었지. 이홍장은 과학 기술 중에서도 특히 무기 제조 기술에 집중했어. 서양 열강에 맞서려면 청나라도 신식 무기를 도입해 강한 군대를 육성해야 한다고 생각한 거야.

이홍장은 상하이 등 주요 항구 도시에 근대적인 서구식 무기 제조 공장을 세우고 신기술을 도입하는 등 군사력 보강에 힘썼어. 또 유

미국 대통령 율리시스 그랜트가 톈진을 방문했을 때 이홍장과 찍은 사진.
이홍장은 청나라의 북양대신으로 양무운동을 이끌었다.(사진ⓒralph repo)

럽에 유학생을 보내 과학 기술을 배워 오도록 했지.* 양무운동은 차
근차근 진행되었어.

하지만 1870년대 국제 정세는 청나라에 불리하게만 돌아갔어. 서
구 열강에 더해 일본까지 세계 무대에 등장하면서 청의 입지는 더
위태로워졌지. 메이지 유신에 성공하면서 자신감을 얻은 일본은 신
흥 제국주의 국가로 변모해 갔어. 서양 열강처럼 식민지를 갖고 싶
었던 일본은 조선을 호시탐탐 노렸지. 1894년에 결국 일본은 조선
에서의 주도권을 두고 청나라와 전쟁을 시작했어. 청일 전쟁이 벌어

• 찌아원홍『중국 인물 열전』, 성연진 옮김, 청년정신 2010, 318~19면.

진 거야. 남의 나라 전쟁이 조선 땅에서 벌어졌으니, 청일 전쟁은 우리에게도 참 뼈아픈 역사야.

청일 전쟁에서 참패한 이유

19세기 후반에는 청나라와 일본 모두 근대화에 힘을 기울이고 있던 터라 청일 전쟁은 두 나라의 국력을 비교해 볼 수 있는 기회이기도 했어. 그래도 다들 설마 청나라가 일본한테 지겠느냐 하고 생각했을 거야. 청은 오랫동안 동아시아의 맹주였으니까. 한데 전쟁의 결과는 일본의 완승, 청의 참패였어. 서구 열강조차 깜짝 놀랐지.

이 사건은 청나라에 커다란 충격을 주었어. 서양과의 전쟁에서 진 것과는 차원이 달랐어. 일본은 오랫동안 중국에 조공을 바치던 작은 섬나라에 불과했는데 그런 일본에 지다니, 청나라는 경악을 금치 못했지.

하지만 자세히 들여다보면 패배는 그리 놀랄 만한 일이 아니었어. 청의 군대는 겉으로만 그럴듯했을 뿐 그 속은 허술하기 짝이 없었거든. 급료가 낮아서 병사들의 사기가 낮았고 부정부패가 만연해서 전쟁에 쓸 총알이 모자랄 지경이었어. 게다가 청일 전쟁이 일어나기 전인 1888년부터 서 태후는 해군 경비 3,000만 냥을 끌어다 이화원을 보수하는 데에 썼다고 해.• 해군 양성이라는 명목으로 모은 기부

• 이동식 「치원함의 교훈」, 『세계일보』, 2015. 6. 15.

일본의 판화가 미즈노 도시카타가 청일 전쟁 중 평양에서 맞붙은 전투를 묘사한 작품.
청일 전쟁은 조선에서 치러진 탓에 조선이 입은 피해가 적지 않았다.

금을 실제로는 이화원을 재건하는 데에 쓴 거야.* 그러니 청의 해군
력이 약화될 수밖에 없었고, 이후 벌어진 청일 전쟁에서 제대로 힘
을 쓰지 못했지.

그뿐만이 아니야. 청나라의 해군이 일본과 맞붙어 싸우는 동안, 명
색이 최고 권력자인 서 태후는 사흘 밤낮에 걸쳐 호화로운 환갑잔치를
즐겼다고 해.** 그 중차대한 시기에 잔치에만 무려 1,000만 냥을 썼는
데, 이 액수는 당시 국가 세입의 6분의 1에 이르는 거금이었다지.***

• 김후, 앞의 책 296면.
•• 리아오 『서태후의 인간 경영학』, 강성애 옮김, 지식여행 2008, 307면.
••• 고광석 『중화요리에 담긴 중국』, 매일경제신문사 2002, 249면.

정부의 자만이나 서 태후의 사치가 패전의 간접적인 원인이었던 셈이야.*

청일 전쟁이 끝난 뒤, 청의 이홍장과 일본의 이토 히로부미는 일본의 시모노세키에서 조약을 맺었어. 청은 서양 열강과 마찬가지로 일본과도 굴욕적인 내용을 담은 조약을 체결해야 했어. 일본에 2억 냥이라는 엄청난 금액을 배상할 것, 랴오둥 반도와 대만 등을 일본에 할양할 것 등이 그 구체적인 내용이야. 그중에는 조선의 독립을 확인한다는 내용도 있었어. 조선이 듣기에는 무언가 그럴듯하지만 사실 여기에는 앞으로 일본이 청의 눈치를 보지 않고 조선을 침략하겠다는 야욕이 담겨 있지. 우리나라의 운명과도 깊은 관계가 있는 터라 시모노세키 조약에 대해서는 학교에서도 중요하게 배울 거야.

청일 전쟁 이후 청나라는 빠르게 몰락해 갔어. 청일 전쟁 과정을 지켜보면서 청나라가 약체라는 것을 눈치챈 서양 열강들이 더욱 몰려들어서 침략 기회를 엿본 탓에 청나라는 그야말로 풍전등화의 상황에 놓이게 되었지.

청나라 안에서는 위기를 극복하려는 노력이 활발하게 일어났어. 캉유웨이 같은 혁신파 인사들은 양무운동으로는 나라를 구할 수 없으니 좀 더 근본적인 변화를 꾀하자며 변법자강 운동을 주도했어. 정치와 교육 제도 등 사회 전반에 걸쳐서 시대에 맞지 않는 법과 제도를 뜯어고침으로써 부국강병을 도모하고자 했지. 또 농민들 사이

• 아사히 신문 취재반 『동아시아를 만든 열 가지 사건』, 백영서·김항 옮김, 창비 2008, 55~56면.

에서는 1900년에 의화단 운동이라는 큰 봉기가 일어나기도 했어. 의화단은 농민들이 만든 비밀 결사였는데 이들이 '부청멸양(扶淸滅洋)', 즉 청나라를 도와 서양 세력을 물리친다는 기치를 내걸고 일어난 거야. 의화단은 서구 열강의 기관을 파괴하는 등 꽤 폭력적인 모습을 보이기도 했어. 이런 운동들은 서구 열강에 강력한 저항 의지를 보여 주기는 했지만 결과적으로 모두 실패해 버렸고 사람들의 삶은 더욱 피폐해졌어.

또 이 과정에서 서 태후를 비롯해 청의 조정은 별다른 역할을 하지 못하고 무능함을 드러내고 말았어. 변법자강 운동을 방해하고 의화단 운동을 좌절시키는 등 사람들의 뜻과는 반대로 행동해서 실망과 분노를 사기도 했지. 사람들은 서 태후가 청나라의 번영이나 백성들의 안녕보다는 자신의 정치적 탐욕을 더 앞세운다고 생각하게 되었어. 서 태후를 비롯해 청나라 조정에 대한 실망이 커지면서 사람들은 청나라를 무너뜨리는 혁명으로 나아가게 돼. 마침내 1911년에 쑨원을 중심으로 신해혁명이 일어나 청조는 완전히 몰락하고, 중국 최초의 공화국인 중화민국이 세워진단다. 그때부터 중국의 역사는 이전과 아주 다른 방향으로 흘러가지.

서 태후는 정말 무능한 정치가였을까?

서 태후가 세상을 떠난 것이 1908년이었으니, 서 태후는 말 그대로 청나라가 무너지기 직전까지 버텼던 권력자였어. 서구 열강이 침략해 오던 격동의 시기에 권좌에 있었던 서 태후에 대해 훗날 사람들은 그다지 좋은 평가를 내리지 않는단다. 사치와 오만, 잘못된 판단으로 청나라를 몰락의 길로 이끌었다는 평이 주를 이루지.

특히 사치에 대해서는 많은 이야기가 있어. 서 태후의 사치가 얼마나 요란했던지 조금 과장하자면 중국 역사상 유례를 찾을 수 없을 정도였다고 전해져. 서 태후가 먹는 한 끼 식사에 각종 산해진미가 128가지나 되었는데 그런 밥상을 차릴 돈이면 당시 중국 농민 한 사람의 1년치 식량을 구할 수 있었다는구나. 옷은 자그마치 3,000여 상자나 되어 하루에도 몇 번씩 옷을 갈아입었다고 하지. 보석도 좋아해서 비취로 만든 식기로 식탁을 차리고, 비취로 만든 악기를 연주하게 했대.˙ 이런 사실을 알고 나면 둘레만 8킬로미터나 된다는 쿤밍 호나 길이가 700미터가 넘는다는 이허위안의 창랑, 돌로 만든 배 등 아름다운 이허위안의 곳곳에 대해서도 감탄만 할 수는 없어.

많은 학자들은 서 태후가 좀 더 개혁적이었더라면, 좀 더 유능했더라면 청나라의 운명이 달라졌을지도 모른다며 아쉬움을 표하고 있어. 그런 평가를 뒷받침하는 역사적 사실들이 많기는 하지만 그래도 엄마는 조심스럽게 다른 생각을 해 봤어.

혹시 서 태후가 여성이기 때문에 남성 정치가보다 더 인색한 평가를 받는 것은 아닐까? 서 태후를 사치스럽고 무능한 지도자로 그려야 영국 같은 서구 열강들이 중국을 침략하는 명분이 설 테니, 그런

˙ 김정미, 앞의 책 329~30면.

이유로 더욱 폄하된 것은 아닐까?

서구 열강은 물론 서 태후 이후에 정권을 잡았던 중국의 지도층 역시 자신들의 입지를 다지느라 서 태후를 더욱 부정적으로 평가한 것이 아닌가 하는 의심도 들어. 청나라 최고 권력이 무능해서 몰락했다고 말하면 그들로서는 명분이 설 테니까.

실제로 서 태후의 정치적 능력에 대해 다르게 평가하는 학자들도 있어. 서 태후 덕분에 그나마 청조의 몰락이 반세기 정도 늦춰졌다고 말이야.[*]

사실 청나라는 아편 때문에 많은 백성들의 정신과 건강이 온전치 못했고, 아편 전쟁에 패했을 때 돌이키기 힘들 만큼 국운이 기울어 있었어. 서 태후가 권력을 쥐었을 무렵에는 이미 나라의 서까래가 썩고 지붕이 기울어 갔기에 그런 나라를 바로 세우기란 제아무리 뛰어난 정치가라도 쉽지 않았을 거야. 그러니 청이 무너진 책임을 오롯이 서 태후에게 지우는 것은 옳지 않을 듯해.

언젠가 서 태후를 가까이서 8년간 모셨던 궁녀의 구술을 받아 쓴 『서태후와 궁녀들』이라는 책을 읽은 적이 있어. 그 책 속의 서 태후는 의외로 반듯하고 정갈한 모습이라, 서 태후가 형편없는 인물로 알려진 데에는 일종의 모함이 있었을지도 모르겠다는 생각이 들더구나.

서 태후는 워낙 중대한 시기에 살았던 데다, 그와 이해관계가 얽

• 김후, 앞의 책 285면.

했던 사람들이 남긴 기록이 많아서 생각을 정리하는 것이 쉽지 않아. 역사적 평가가 계속 진행되고 있는 인물이니만큼 여러 기록을 두루 참고하여 아무쪼록 너희 스스로 생각하고 가늠하면서 교훈을 찾아보렴.

자, 그럼 오늘 산책은 이쯤에서 마치기로 하자꾸나.

참고한 책

고광석 『중화요리에 담긴 중국』, 매일경제신문사 2002.

김정미 『역사를 이끈 아름다운 여인들』, 눈과마음 2005.

김동훈 『건축, 그 천년의 이야기』, 삼양미디어 2010.

김장수 『서양 근대사』, 선학사 2004.

김정미 『세계사 여자를 만나다』, 아름다운사람들 2011.

김환영 『하루 10분, 세계사의 오리진을 만나다』, 부키 2013.

김후 『불멸의 여인들』, 청아출판사 2009.

다니엘 에므리 『호치민』, 성기완 옮김, 시공사 1998.

리처드 J. 번스타인 『한나 아렌트와 유대인 문제』, 김선욱 옮김, 아모르문디 2009.

마빈 해리스 『문화의 수수께끼』, 한길사 2000.

마이클 리프·미첼 콜드웰 『세상을 바꾼 법정』, 금태섭 옮김, 궁리 2006.

박석분 『역사를 만든 20인』, 새날 2000.

박찬운 『로마문명 한국에 오다』, 나남 2014.

브뤼노 블라셀 『책의 역사』, 권명희 옮김, 시공사 1999.

샬럿 브론테 『제인 에어』, 이미선 옮김, 열린책들 2011.

손영호 『테마로 읽는 세계사 산책』, 학지사 2008.

송성수 『사람의 역사, 기술의 역사』, 부산대학교출판부 2011.

송정남 『베트남 탐구』, 한국외국어대학교 지식출판원 2015.

수잔 와이즈 바우어 『세계 역사 이야기』 4, 최수민 옮김, 꼬마이실 2005.

쑤잉 『이성의 눈으로 명화와 마주하다』, 윤정로 옮김, 시그마북스 2015.

스티븐 그린블랫 『1417년, 근대의 탄생』, 이혜원 옮김, 까치 2013.

심현정 『터닝 포인트 10』, 느낌이있는책 2009.

안네 프랑크 『안네의 일기』, 이건영 옮김, 문예출판사 2009.

유재현 『메콩의 슬픈 그림자, 인도차이나』, 창비 2004.

유현준 『현대 건축의 흐름』, 미세움 2009.

이영림·주경철·최갑수 『근대 유럽의 형성 16~18세기』, 까치 2011.

이옥순 『이옥순 교수와 함께 읽는 인도 현대사』, 창비 2007.

임석재 『땅과 인간』, 북하우스 2003.

자크 르 고프·장루이 슐르젤 『중세 여행』, 안수연 옮김, 에코리브르 2008.

전국 사회 교사 모임 『사회 선생님도 궁금한 101가지 사회 질문 사전』, 북멘토 2011.

전창림 『미술관에 간 화학자』, 어바웃어북 2013.

정윤수 『클래식 시대를 듣다』, 너머북스 2010.

조르조 본산티 외 『유럽 미술의 거장들』, 안혜영 옮김, 마로니에북스 2009.

조지프 커민스 『만들어진 역사』, 송설희·김수진 옮김, 말글빛냄 2008.

주명철 『오늘 만나는 프랑스 혁명』, 소나무 2013.

진이·선이링 『서태후와 궁녀들』, 주수련 옮김, 글항아리 2012.

찌아원홍 『중국 인물 열전』, 성연진 옮김, 청년정신 2010.

최병욱 『베트남 근현대사』, 창비 2009.

토니 로빈슨·데이비드 윌콕 『불량 직업 잔혹사』, 신두석 옮김, 한숲 2005.

홍순도 『베이징 특파원 중국 경제를 말하다』, 서교출판사 2010.

Will Durant, *Heroes of History*, Simon&Shuster 2012.

창비청소년문고 18
지붕 밑의 세계사

초판 1쇄 발행 2015년 11월 27일
초판 16쇄 발행 2023년 9월 29일

지은이 이영숙 | 펴낸이 강일우 | 책임편집 김선아 | 조판 박아경 | 펴낸곳 (주)창비
등록 1986년 8월 5일 제85호 | 주소 10881 경기도 파주시 회동길 184
전화 031-955-3333 | 팩스 031-955-3399(영업) 031-955-3400(편집)
홈페이지 www.changbi.com | 전자우편 ya@changbi.com